WOLFGANG HENSEL

WASSER

FÜR EINSTEIGER: SCHRITT FÜR SCHRITT ZUM GRÜNEN PARADIES

GARTEN

Gewässer anlegen und pflegen

Pflanzen auswählen

Gewässer gestalten

Gewa

ser anlegen und pflegen

Spiegelndes und plätscherndes Vergnügen

Worin liegt die Zauberkraft des Wassers? Ist es die fließende Bewegung, die selbst beim kleinsten Gartenbach niemals zu enden scheint? Ist es die glatte Wasserfläche, in der sich der Himmel spiegelt? Ist es der Gedanke an die Wildheit der Natur oder an die strenge Ruhe eines leise plätschernden Brunnens im Kreuzgang eines Klosters?
Jeder findet andere Antworten, wenn er sich einen Teich oder Bach im Garten anlegt oder auch nur ein kleines Wasserspiel aufstellt.

Was in der frühen Phase der Menschwerdung schiere Notwendigkeit war – sauberes Trinkwasser zu finden –, hat viele spätere Kulturen dazu veranlasst, Wasser mit einer mythologischen Bedeutung zu belegen. Das reicht von Flussgöttern, die fruchtbaren Schlamm brachten, über Quellgötter und -nymphen bis hin zur christlichen Taufe mit Wasser. Wer einen Teich oder einen Bachlauf anlegt oder einige Kübel mit Sumpfstauden bepflanzt, ist sich dieser Zusammenhänge zwar nicht unbedingt bewusst, die tief verwurzelte Wertschätzung von Wasser ist jedoch Teil unseres biologischen und kulturellen Erbes – Wasser ist Leben.

Wasser – faszinierend in vielen Formen

Der Faszination des Wassers kann sich kaum einer entziehen. Wasser ist ein äußerst flexibles Gestaltungselement, sowohl ruhend als auch fließend. Es wirkt aus sich heraus, bildet aber auch den Rahmen für verschiedenste Pflanzen und dekorativen Schmuck.

- Teiche überziehen sich bereits beim leisesten Windhauch mit gekräuselten Wellen, und das Spiegelbild des Himmels löst sich auf. Schwimmblätter und Seerosenblüten, vielleicht einige Fische, der harmonische Übergang zwischen Wasser und Uferbepflanzung bieten dem Auge immer wieder neue Ansichten und Haltepunkte. Die bunte Tierwelt, die sich mit der Zeit am Gartenteich einfindet, sorgt immer wieder für neue Überraschungen.
- Bäche, Kaskaden und Brunnen laden mit gurgelnden Geräuschen und fröhlichem Plätschern zum Ausruhen und Entspannen ein.
- Wasser ist sogar auf kleinstem Raum noch attraktiv: Sprudel- oder Mühlsteine sowie Wandbrunnen bieten optische und akustische Reize. In Kübeln wachsende Wasserpflanzen holen den Teich auf die Terrasse, ohne jedoch dessen Raum zu beanspruchen.

Das gewisse Etwas: Wasser im Garten

Teiche und Bachläufe prägen wie kaum ein anderes Element den Charakter und das Erscheinungsbild des Gartens. Ihre Anlage will gut überlegt sein: Sie ist je nach Größe mit umfangreichen Erdbewegungen verbunden. Eine einmal getroffene Entscheidung kann oft nur unter großem Aufwand rückgängig gemacht werden. Wollen Sie die gesamte zur Verfügung stehende Gartenfläche als »Wassergarten« gestalten? Oder wollen Sie das Wasser als ein Gestaltungselement neben anderen in Ihrem Garten integrieren?

Stehendes oder bewegtes Wasser?

Die Art des gewünschten Gewässers bestimmt ganz maßgeblich den späteren Charakter Ihres Gartens.

- **Ein natürlich wirkender Teich** braucht eine unregelmäßig fließende Umrissform und eine abgestufte Tiefenstruktur, die vom tiefen Wasser über Zwischenstufen bis ins Flachwasser reicht. Vielleicht schließen Sie sogar noch eine Sumpfzone an. Dass ein solcher Teich nicht auf kleinem Raum gestaltet werden kann, dürfte auch dem Einsteiger klar sein. Es macht außerdem wenig gestalterischen Sinn, einen »Naturteich« mitten in eine gepflegte Rasenfläche zu setzen, er braucht eine entsprechende Randbepflanzung, die ihn harmonisch in den Garten einbindet.
- **Reine Zierteiche** lassen sich auch auf kleinem Raum verwirklichen. Ihre Stärke ist die hohe Variabilität: Sie können als Blickpunkt in einer Wiese oder mit Wandbrunnen vor einer Mauer liegen. Lange, in Blickrichtung verlaufende, schmale Teichbecken lassen kleine Gärten größer erscheinen. Quer verlaufende Teiche wirken dagegen wie Riegel, die eine Fläche untergliedern. Ein erhöhter Rand aus Ziegelsteinen, der gleichzeitig als Sitzplatz dient, rückt den Zierteich in die Mitte des Geschehens. Flach mit dem Erdboden abschließende Zierteiche werden bei zurückhaltender Bepflanzung zu flächenhaften Elementen, gewissermaßen zu Beeten aus Wasser.
- **Wasserfälle, Kaskaden, Springbrunnen, Sprudel- oder Quellsteine** bereichern den Garten um das Element der Bewegung. Rauschendes, plätscherndes oder tröpfelndes Wasser kann je nach Stimmungslage sehr anregend oder beruhigend sein. Wasserfälle und Kaskaden, die in Kombination mit Teichen angelegt werden, vereinen den gestalterischen mit einem ökologischen Zweck: Sie reißen Luft unter Wasser und reichern es auf diese Weise mit Sauerstoff an. Springbrunnen sind eher freistehend oder für Zierteiche geeignet.
- Langsamer fließende **Bäche** stellen einen guten Kompromiss zwischen ruhigem und rasch bewegtem Wasser dar: Als Fließgewässer haben sie dem Auge viel zu bieten, sind aber leise genug, um gestresste Gartenbesitzer nicht zu stören. Bei der Gestaltung reicht das Spektrum von naturnahen Bächen bis hin zu Wasserrinnen, die in festen Betten strömen und mehr als »fließende Zierteiche« in Erscheinung treten.
- Bleiben die **Mini-Teiche** in Kübeln und Bottichen auf der Terrasse oder neben Sitzplätzen im Garten. Sie sind besonders gut für noch unentschlossene Gärtner geeignet: Sie bekommen einen Eindruck von einer »echten« Wasserfläche, ohne sich bereits festlegen zu müssen.

Wassergarten oder Wasser im Garten?

Mit der Festlegung der Wasserfläche und dem Standort der geplanten Anlage im Garten werden die Weichen endgültig gestellt: Wassergarten oder Wasser im Garten?

Der Teich – ein Kunstwerk

Formale Wasseranlagen können regelrechte Kunstwerke sein. Randmaterial oder die Gestaltung der Wasserfläche machen sie zum integralen Bestandteil der Terrasse. Wasser und seine direkte Umgebung sollten eine Einheit bilden: Verwenden Sie dieselben Materialien wie für die Terrasse und dimensionieren Sie das Wasserbecken nicht zu groß – es muss sich einfügen, nicht dominieren. Gestalten Sie z. B. eine Fließstrecke durch zwei bis drei kleine Becken mit verbindenden Wasserrinnen und Kaskaden und setzen Sie die Bepflanzung zurückhaltend ein – flaches Wasser mit gewaschenem Kies sieht sogar ohne Pflanzen bestens aus.

Trotz seiner geschwungenen Form wirkt dieses Teichbecken sehr formal. Es passt damit hervorragend zu dem gepflegten Rasen und den sauber gestutzten Randpflanzen.

- Beim **Naturteich** entspricht die Größe der Wasserfläche nicht der endgültigen Teichanlage. Die Randbepflanzung und Einbindung des Teiches in die Umgebung vergrößern die Fläche merklich.

Beim Naturteich sollte der Betrachter direkt auf die Wasserfläche schauen können, der Hintergrund durch Pflanzen mit zunehmender Höhe abgeschlossen sein. In kleinen Gärten werden Naturteiche daher auf den Hauptsitzplatz hin orientiert, und die äußersten Hintergrundpflanzen stehen an der Gartengrenze. In größeren Gärten kann der Teich durch Gehölze (auch die Hintergrundbepflanzung) abgetrennt und somit aus der direkten Sichtachse genommen werden. Allerdings brauchen Sie hier unbedingt einen speziellen Sitzplatz am Teich.

- Der **Zierteich** ist immer nur so groß wie sein Umriss, es sei denn, Sie gestalten seinen Rand umfänglicher mit Steinen und Platten, Bohlen, Palisaden oder Holzdecks. Ähnlich wie Wasserspiele bildet er einen Blickpunkt überall dort, wo es Ihnen wünschenswert erscheint.
- Bei **Bächen und größeren Kaskaden** stellt sich die Situation etwas komplizierter dar. Als Faustregel können Sie für die Planung ansetzen: Je natürlicher, je länger und je gewundener der Bachlauf, desto größer die erforderliche Gesamtfläche. Versuchen Sie einen natürlichen Bachlauf so anzulegen, dass Sie seinem Verlauf mit den Augen folgen können, und meiden Sie lange »Geraden«.

Im und um den Teich herum

Ein Naturteich wird üppig mit heimischen Pflanzen bestückt und mit unterschiedlichen Fischen besetzt sein. Beim Zierteich wirkt eher die freie Wasserfläche oder die eine oder andere exotische Pflanze. Nur in Zierteichen ist auch Platz für exotische Fische, wie die immer beliebteren Koi-Karpfen. Gerade sie kommen in der spartanischen Umgebung eines formalen Zierteiches besonders wirkungsvoll zur Geltung.

Natürlich ist die Gestaltung eine ganz persönliche Sache. Sie können in Ihrem Naturteich selbstverständlich auch exotische Pflanzen unterbringen – wenn sie dort standortgerecht wachsen. Oder exotische Fische halten – wenn Sie damit leben können, dass Sie diese zwischen dem Pflanzenbewuchs kaum zu Gesicht bekommen werden.

Welche Teichform soll es sein?

Platzbedarf und Pflegeaufwand

Naturteich (Folie):
mit Umgebung ab 20 m^2
2–5 Stunden pro Woche

Naturteich (Fertigelemente):
mit Umgebung ab 10 m^2
2–3 Stunden pro Woche

Zierteich:
ab 1–2 m^2
ab 1 Stunde pro Woche (mehr bei Reinigungsarbeiten)

Moortümpel:
ab 5–10 m^2
1–2 Stunden pro Woche

Wer mit dem Gedanken an Wasser im Garten spielt, denkt in den meisten Fällen zuerst einmal an die Anlage eines Gartenteiches. Ausschlaggebend für die Wahl der Teichanlage ist in erster Linie die Gartengröße. Denken Sie aber auch an den Pflegebedarf – ungepflegtes Wasser ist keine Freude mehr!
Denken Sie an einen Naturteich, der mit einem abwechslungsreichen Biotop aufwartet und viele Tiere aus nah und fern anzieht, jedoch nicht gerade pflegeleicht ist? Oder an einen formalen Zierteich, der in der Hauptsache von der Wasserfläche und seiner architektonischen Gestaltung lebt? Soll sich der Teich auch zum Schwimmen eignen? Oder reicht Ihnen ein einfaches Sumpfbeet?
Für alle Bedürfnisse bietet der Fachhandel die unterschiedlichsten Möglichkeiten in allen Größen und Preisklassen an. Informieren Sie sich ausreichend und prüfen Sie, ob Standort und Teichgröße auch harmonieren.

Natur pur – der große Naturteich mit Folie

Damit sich ein Naturteich selbst regulieren kann und so wenig Pflege wie nötig beansprucht, braucht er aber mindestens 80–100 cm Tiefe und eine Fläche von 10 m^2. Das entspricht in etwa einem Kreis mit ca. 3, 6 m Durchmesser oder einem Quadrat mit ca. 3,2 m Seitenlänge. Da Schwimmblätter und Randbepflanzung die freie Wasserfläche mit der Zeit stärker einengen als erwartet, empfehle ich aber mindestens 4–5 m Durchmesser.
Folienteiche (siehe Seite 34–37) bieten die beste Möglichkeit, Teiche auf unebenem Gelände mit den verschiedensten Tiefenstufen und Formen anzulegen.

Lebendiger Schwimmteich statt steriler Pool

Wer viel Platz hat, der kann das Schöne mit dem Angenehmen verbinden: Etwa die Hälfte der Teichfläche ist zum Schwimmen ausgerichtet, die andere Hälfte dient der Wasserklärung. Ein Schwimmteich sollte mindestens 2 m tief und 50–200 m^2 groß sein (bei 100 m^2 stünde eine 5 x 10 m große Schwimmfläche zur Verfügung). Es ist praktisch, die flache Reinigungszone durch eine offene Unterwasserbarriere abzutrennen. Die Anlage ist nicht ganz einfach – hier brauchen Sie schon den Fachmann!

Fertigteiche – naturnah gestaltet und bepflanzt

Fertigteiche mit naturnaher Bepflanzung (siehe Seite 130/131) bilden insbesondere für Einsteiger einen guten Kompromiss zwischen Zierteichen und »echten« Naturteichen. Fertigteiche sind zwar immer noch an feste Formen gebunden, inzwischen bieten die Hersteller aber sehr viele unterschiedliche Formen an. Außerdem sind die Wannenkörper der Fertigteiche widerstandsfähiger gegen Steine, Wühlmäuse und Wurzeln als Folien. Da die Tiefenstufen bereits in den Wannen vorgesehen sind, wird auch die Planung und Bepflanzung erleichtert.

Zierteich – architektonisches Element

Beim Zierteich liegt der Schwerpunkt weniger auf der Bepflanzung als auf der gestalterischen Wirkung des Teichbeckens. Die Umrissform versucht nicht, die Natur nachzuzeichnen, sondern steht mit regelmäßigen Rechtecken oder Kreisen in bewusstem Kontrast zu den fließenden Formen der Pflanzen. Der Zierteich kann erhöht präsentiert werden (Palisaden, Steinmauer, Bohlen) oder direkt an einen Sitzplatz anschließen (siehe Seite 142/143).

Expertentipp

Ich empfehle Ihnen, sich in Zeitschriften und im Internet über die verschiedenen Stilrichtungen zu informieren.

Wenig freie Wasserfläche – das Sumpfbeet

Eine Mini-Sumpflandschaft mit oder ohne kleinem Wassertümpel über einer Folie im Untergrund realisiert nur einen Teil der Wasserlandschaft: Das freie Wasser wird ausgespart, der Gartenbesitzer profitiert aber von allen Vorteilen der Rand- und Sumpfzone mit ihren hübschen Blüten. Sumpfbeete sind bestens für Familien mit kleinen Kindern geeignet, weil hier die Gefahr auf ein Minimum reduziert wird. Wenn später doch noch ein Teich angelegt werden soll, kann das vorhandene Sumpfbeet relativ problemlos als Sumpfzone integriert werden.

Fließgewässer – mal langsam, mal schnell

Fließendes Wasser erweitert das Spektrum sinnlicher Erfahrungen noch um einiges (siehe auch Seite 134/135). Vom leisen Gurgeln eines langsam fließenden Wiesenbaches, der sich seinen Weg zwischen Steinen bahnt, über das sanfte Plätschern einer flachen Kaskade bis hin zum Rauschen eines Wasserfalls, der sich aus 50 cm Höhe in ein Becken ergießt – jedes Fließgewässer macht ein charakteristisches Geräusch. Um den Wasserkreislauf in Bewegung zu halten, brauchen Sie eine Pumpe und Rohrleitungen, dazu einen elektrischen Anschluss.

Informationen für den Pumpenkauf

Welchen Zweck soll die Pumpe erfüllen?
Erforderlich, weil manche Pumpen zu schwach für einen Bachlauf sind.

Wie breit und wie lang soll der Bach werden?
Diese Daten bestimmen Fördermenge und Leistung der Pumpe sowie Volumen des Auffangbeckens.

Wie hoch ist das Gefälle?
Die absolute Höhe zwischen Austrittspunkt des Wassers und dem Spiegel des Auffangbeckens.

Wie lang ist die Strecke der Leitung?
Gemeint ist die Entfernung zwischen Wasserauffangbecken und »Quelle« – je kürzer, desto besser.

Welchen Durchmesser hat die Leitung zwischen Pumpe und Quelle?
Diesen Wert kann der Händler ermitteln.

Quelle und Quellsteine – kinderfreundlicher Genuss

Eine zwischen Feldsteinen oder aus einem »Quellhang« hervorbrechende Quelle ist ein wunderschöner Ort, um in Ruhe zu lesen bzw. die Kinder im Sommer plantschen und mit Wasser spritzen zu lassen.
Alle Arten von Quellen – auch in Verbindung mit kurzen Wasserläufen – gehören zu den besonders kinderfreundlichen Wasseranlagen. Wegen des kurzen Transportweges und der geringen Wassermenge reicht eine Pumpe mit geringer Leistung (vielfach im Set mit Schlauch und Düsen angeboten).

Expertentipp

Es gibt kein ästhetisches Konzept für Wasser im Garten, das die Gefährdung von Kindern rechtfertigt!

Der ruhige Wiesenbach – Romantik pur

In ebenen Gärten lässt sich ein langsam fließender Bachlauf mit sanft geschwungenen Kurven, flachem Gefälle und wechselnden Breiten am besten mit einem Folienbach realisieren. Führen Sie den Bach in großem Bogen mit zwei bis drei Kurven von der Quelle zum Auffangbecken. Bauen Sie schmale und breitere Abschnitte ein (hier finden später Sumpfpflanzen Platz) und lassen Sie das Wasser um Hindernisse wie Steine fließen, damit Wirbel und kleine Strömungen entstehen.
Der Eindruck langsam fließenden Wassers entsteht aber nur dann, wenn das Gefälle 1–2 % nicht überschreitet (Höhendifferenz 5–10 cm auf 5 m Bachlauf). Vergessen Sie nicht, einen Sitzplatz zum Genießen einzuplanen!

Der Kaskadenbach – aus Fertigteilen schnell gebaut

Wenn Sie es nicht ganz so ruhig fließen lassen wollen, dann bietet sich ein Bachlauf aus Elementen in Schalenbauweise an, die auf einfachem Sand- oder Magerbeton-Untergrund übereinander gestapelt werden (siehe Seite 38/39). Ein solcher Kaskadenbach sieht im Rohzustand zwar »künstlich« aus, ändert sein Erscheinungsbild aber vollständig, sobald Wasser fließt. Wird die Randbepflanzung mit überneigenden Stauden (Farne, Funkien, Gräser usw.) gestaltet, verschwinden die harten Kanten der Fertigteile, und der Bach stürzt über scheinbar natürliche Kaskaden ab. Legen Sie bei der Anlage eines Kaskadenbaches den »Quellhügel« nicht wie einen Fremdkörper an, sondern versuchen Sie, die Quelle z. B. zwischen Gehölzen hervorbrechen zu lassen.

Der schnell fließende Bach – für steileres Gelände

Wenn Sie ein Hanggrundstück oder ein etwas steileres Gelände im Garten haben, dann bietet sich natürlich die Anlage eines »Gebirgsbaches« an. Ähnlich wie beim Wiesenbach sollte der Bach nicht in gerader Strecke fließen. Lassen Sie kurze, hangparallele Fließstrecken in Staustufen enden und bauen Sie – je nach Bachlänge und Gefälle – immer wieder Rückhaltebecken ein. Hier kommt das Wasser zur Ruhe, und hier können auch Wasserpflanzen wurzeln.

Expertentipp

Gebirgsbäche wirken natürlicher, wenn das Wasser immer wieder hinter Bewuchs verschwindet, um an anderer Stelle hervorzubrechen.

Der Wasserfall am Teich – ökologisch wertvoll

Ein Wasserfall direkt in den Teich erfüllt zwei wichtige Aufgaben: Er plätschert anregend und reißt gleichzeitig ständig Luft ins Wasser, verbessert also die Wasserqualität. Da das fallende Wasser die Teichfläche aufwühlt, eignet er sich allerdings nur für größere Teiche oder Teiche ohne Schwimmblattpflanzen. Die Fallhöhe des Wasserfalls sollte nicht mehr als 30–40 cm betragen. Wasserfälle bieten sich überall dort an, wo ohnehin ein Bachlauf vorgesehen ist. In diesem Fall fungiert der Teich als Auffangbecken und ist Standort der Pumpe für den Bachkreislauf. Wenn Sie den Wasserfall ausschließlich als dekoratives Element (ohne Bachlauf) einsetzen möchten, sollte die Quelle hinter Pflanzen verschwinden.

Wasser im Kleinformat – Freude für alle

Wer im Garten nur wenig Platz hat, um den Traum vom Teich oder vom fließenden Bachlauf zu verwirklichen, oder wer Kleinkinder im Haus oder in der Nachbarschaft hat, der muss trotzdem nicht auf das Spiel mit dem Wasser verzichten.
Mit etwas Fantasie lässt sich auch auf kleinem Raum und kindersicher ein mehr oder weniger permanenter Wassergarten einrichten.
Bei kleinen und Kleinstanlagen sollte das Element »Wasser« durch Position und/oder Gestaltung jedoch vollkommen im Blickpunkt des Betrachters stehen und den Aufenthalt im Garten oder auf der Terrasse bereichern:
Das kann ein ungewöhnliches Wassergefäß sein, eine attraktive Pflanzung, ein prominent aufgestellter Sprudelstein, ein skurriler Springbrunnen, ein witziger Wasserspeier oder eine architektonisch auffällige Wassersäule (siehe Seite 148/149 und 154/155).

Sprudelndes Wasser en miniature

Sprudelsteine lassen sich auf kleinster Fläche unterbringen. Das austretende Wasser sorgt für Frische und Bewegung. Der Sprudler steht in einem flachen Becken (Wasserreservoir), der Sprudelauslauf ist direkt an eine Pumpe angeschlossen. Ein Wasserstrahl dringt im Stein nach oben, fließt über ihn hinweg und gelangt wieder ins Reservoir. Über die Zusammenstellung der Teile brauchen Sie nicht lange zu grübeln – sie werden vielerorts in verschiedensten Versionen als Komplett-Set angeboten (von Findling bis Kunstobjekt).

Expertentipp

Füllen Sie das Wasserbecken mit Kieselsteinen, dann ist der Sprudler absolut kindersicher.

Mini-Teiche: den Wassergarten auf die Terrasse geholt

Viele Wasser- und Sumpfpflanzen können auch in Gefäßen gehalten werden. Wenn Sie wasserdichte Gefäße oder Einsätze verwenden, eignet sich jede Art von Behälter als Mini-Teich. Sie können den Mini-Wassergarten in ganz verschiedenen Stilen gestalten: Tropische Seerosen in glasierten, asiatisch ornamentierten Kübeln, dazu ein Papyrus oder die straffen Blätter von Sumpfschwertlilien erzeugen fernöstliches Flair. Üppig über den Rand wuchernde Sumpfpflanzen in einfachen Terrakottatöpfen oder Krügen mit bäuerlichen Mustern verwischen den Unterschied zwischen Land- und Wasserpflanzen. Zinkwannen und Holzfässer sind nicht nur rustikal-attraktiv, sondern bieten viel Platz für verschiedenste Wasserpflanzen.

Wasserpflanzen »hautnah«: der Terrassenteich

Wer eine große Terrasse, aber einen kleinen Garten besitzt, der kann sich den Teich auch auf die Terrasse holen – mit einem auf die Terrasse gestellten Teichbecken in Fertigbauweise oder einem in die Terrasse eingelassenen Teichbecken.
Das aufgestellte Teichbecken können Sie mit Palisaden oder waagerechten Holzbohlen, Natur- oder Ziegelsteinen, Betonformsteinen, Mosaiksteinen oder Metall verkleiden – ganz wie es Ihnen gefällt und wie es zum Stil des Hauses und Ihrer Terrasse passt; achten Sie aber auf Stabilität.

Expertentipp

Im Terrassenteich lassen sich bei guter Pflege auch einige Fische halten. Achten Sie auf Winterschutz!

Wasser aus der Wand, laut oder leise plätschernd

Beim Wandbrunnen scheiden sich die Geister, hier steht in der Regel der dekorative Aspekt mehr im Vordergrund als das fließende Wasser. Selbstverständlich ruft ein einfaches, geknicktes Rohr im Betrachter eine völlig andere Wirkung hervor als ein wuchtiger Löwenkopf aus Bronze, aus dessen geöffnetem Maul das Wasser strömt.
Bei jedem Wandbrunnen gibt es zwei wichtige Aspekte – die Fallhöhe des Wassers und das Auffangbecken. Die Fallhöhe bestimmt die Lautstärke des »Wasserfalls«, das Auffangbecken sollte zum Stil des Brunnens passen. Der Einbau eines Wandbrunnens macht übrigens kaum Schwierigkeiten, da er wie ein Sprudelbrunnen mit einem geschlossenen Wasserkreislauf funktioniert.

Der Springbrunnen – Wasserquelle oder Kunstwerk?

Springbrunnen auf der Terrasse oder im Blickpunkt eines Sitzplatzes überschreiten die Grenze vom Wasserspiel zur Skulptur. In der Tat reicht das Angebot von preiswerten Mini-Anlagen aus dem Baumarkt bis hin zu Einzelstücken aus Künstlerhand, die mehr kosten können als ein mittlerer Gartenteich. Da die Wahl eines Brunnens ausschließlich vom persönlichen Geschmack abhängt, ist es schwierig, allgemeingültige Tipps zu geben. Immerhin wirken Springbrunnen umso zurückhaltender, je stärker das Wasser im Vordergrund steht. Am anderen Ende des Spektrums stehen Springbrunnen in Form von Figuren, mit vielen Düsen und/oder auffällig gestalteten Auffangbecken.

Sicherheit geht vor!

Sicherheit gehört zu den Themen, die jeder anspricht und leider nur wenige wirklich beachten.
Ein unbeaufsichtigt spielendes Kleinkind kann bereits in einer handtiefen »Pfütze« oder einem großen Kübel ertrinken, und auch größere Kinder unterschätzen die Gefahr einer Wasserfläche, wenn sie versuchen, einen verirrten Spielball aus dem Wasser zu fischen. Stege und Brücken ohne Geländer sind bei Tag und trockener Witterung sicherlich ungefährlich – wie sieht es aber im Dunkeln oder an einem taunassen Morgen aus? Und wie kommt eine neugierige Katze, die nach einem Fisch geangelt hat und ins Wasser gefallen ist, wieder aus dem Teich? Beachten Sie daher immer alle Aspekte der Sicherheit – beim Bau und beim Betrieb Ihres Wassergartens.

So wird Ihr Teich sicherer

In allen Teichgärten:

flache Uferzone einrichten, damit Tiere rausklettern können

Brücken mit Geländer versehen

Elektroanlagen vom Fachmann installieren lassen

In Gärten mit Kindern:

um große Teiche einen stabilen Zaun einrichten

bei Teichen bis ca. 10 m^2 Teichgitter einbauen

Beaufsichtigung der Kinder

Wasser im Garten – ein Risiko für Kinder

Gleich vorweg: Einen vollständig kindersicheren Wassergarten gibt es nicht! Sie können die Gefahren allerdings auf ein Minimum reduzieren, wenn Sie die Anlage mechanisch sichern und vor allem Kleinkinder niemals ohne Aufsicht spielen lassen.

- Eine geringe Wassertiefe allein ist kein ausreichender Schutz, da Kleinkinder durch die Schockreaktion bereits in einem nur wenige Zentimeter tiefen Wasser ertrinken können.
- Auch wenn ein Zaun mitten im Garten nicht jedermanns Sache ist, ist er die sicherste Alternative. Bauen Sie nur senkrechte Latten oder stabile Metallgitter ein (Kleinkinder dürfen nicht den Kopf durchstecken) und sichern Sie das/die Tor/e durch Schlösser. Kinder dürfen den Zaun nicht übersteigen können (Mindesthöhe 80 cm).
- Direkt unter der Wasseroberfläche verlegte, starre Teichgitter (durch Verzinken oder Kunststoffmantel vor Rost geschützt) bieten einen relativ sicheren Schutz für kleine Kinder. Einfache Baugitter, wie sie zur Monierung von Beton dienen, erfüllen diesen Zweck nicht: Der Gitterabstand ist zu groß, das Material rostet und sie sind zu nachgiebig. Das Gitter muss (am besten vom Fachmann) so befestigt werden, dass es nicht kippen oder verrutschen kann.
- Selbst wenn Sie keine eigenen Kinder haben, sind Sie verpflichtet, Wasseranlagen so zu sichern, dass eine Gefährdung von vornherein ausgeschlossen ist (Verkehrssicherungspflicht). Sichern Sie daher den Eingang in Ihren Garten durch einen Zaun, eine unzugängliche Hecke und verschließbare Tore ab.

Eine Sache für den Fachmann: Strom im Garten

Wie überall müssen alle elektrischen Geräte wie Lampen und Pumpen den elektrischen Sicherheitsstandards entsprechen. Kaufen Sie nur Geräte mit amtlichem Prüfsiegel (TÜV, GS). (Erd)Kabel, Stecker und Schalter müssen für die speziellen Belastungen im Freilandbetrieb zugelassen sein. Lassen Sie die Elektroinstallationen am besten von einem Fachbetrieb ausführen – dann kann nichts schief gehen! Bestehen Sie auf dem Einbau eines Fehlerstromschutzschalters, der den Stromkreis bei Wassereinbruch, defekten Geräten und Kabelschäden sofort unterbricht, und lassen Sie alle Kabel in festen Kunststoffrohren verlegen.

Potenzielle Gefahrenquellen erkennen und vermeiden

Verzichten Sie im Bereich von Wasserflächen konsequent auf glatte Oberflächen, die bei feuchtem Wetter leicht rutschig werden. Wählen Sie raue Steinbeläge und Holz, dessen Oberfläche durch Rillen griffiger gemacht wurde.
Auch Stege und Brücken können problematisch sein. Sie müssen auf stabile Unterlagen gesetzt werden und das gewählte Material den Belastungen standhalten. Während Trittsteine durch einen Flachwasserbereich bei Fehltritten allenfalls nasse Füße verursachen, brauchen »echte« Brücken unbedingt ein Geländer.

Expertentipp

Algen, die sich auf Brücken und Wegen ansiedeln, lassen sich mit dem Dampfstrahler leicht entfernen.

Das flache Ufer, rettender Ausstieg für Tiere

Wasser fasziniert nicht nur den Menschen, es zieht auch zahlreiche Tiere an. Bringen Sie deshalb einen sicheren »Ausstieg« an – auch eine ungeübte Katze auf Fischjagd könnte ins Wasser plumpsen. Lassen Sie am besten einen Uferbereich sehr flach auslaufen, etwa in Form eines kiesbedeckten Ufers, das sich ca. 15–20 cm tief ins Flachwasser fortsetzt. Hier können ins Wasser gefallene Tiere den Teich relativ leicht wieder verlassen. An solchen flachen Wasserstellen finden sich auch gerne Vögel zum Trinken und Baden ein. Eine andere Möglichkeit wäre ein Brett, ein starker Ast oder eine Wurzel, die sich dekorativ wie eine Leiter zwischen der Uferbepflanzung ins Wasser schiebt.

Gut aufgehoben: Körbe und Pflanztaschen

In Körben und Pflanztaschen sind Wasserpflanzen gut aufgehoben und können gezielt in den Teich gesetzt oder am Teichrand befestigt werden. **Feste Körbe** aus Kunststoff mit Gitterwänden dämmen das Wurzelwerk und/oder Ausläufer schnell wachsender Pflanzen ein. In ihnen lassen sich die Pflanzen auch im Winter aus dem Wasser nehmen. **Softkörbe** gibt es aus Plastik oder Kokosfaser. Sie werden mit Erde gefüllt und mit einem Band zugezogen. **Pflanztaschen** aus Kokosfaser werden am Teichrand befestigt und ins Wasser gehängt. **Böschungsmatten** bedecken eine größere Fläche und werden mit und ohne eingearbeitete Pflanztaschen angeboten.

Was Sie zum Pflanzen benötigen: Erde und Handwerkszeug

Teichpflanzen werden ausschließlich in spezielle, nährstoffarme **Teicherde** gepflanzt; alternativ können Sie Lehm und Sand im Verhältnis 1:3 mischen. Seerosen gedeihen besser in **Seerosenerde** – sie enthält mehr Nährstoffe. Halten Sie zum Abdecken der Erde genügend Kieselsteine bereit (mindestens so groß wie Dicke Bohnen).
Zum Pflanzen benötigen Sie eine **Pflanzschaufel**, um Erde einzufüllen und Löcher zu graben (Ufer), ein **Pflanzholz** für Zwiebelgewächse, einen **Handgrubber** zum Lockern und ein **Gartenmesser**, um eventuell beschädigte Wurzeln abzuschneiden.

Pflanzen schneiden und ausputzen: geeignete Schnittwerkzeuge

Zur Pflege der Teichpflanzen können Sie Ihre üblichen Gartengeräte benutzen. Es gibt allerdings besondere **Teichscheren** mit langen Griffen, mit denen Sie ins Wasser »greifen« können, ohne hineinsteigen zu müssen. Für die Arbeiten an Land brauchen Sie eine **Gartenschere** (zweischneidiges Modell, »Bypass-Schere«) und eine kleine **Astschere** für Zweige. Zum Teilen von Stauden empfiehlt sich außerdem ein kräftiges **Gartenmesser** (Hippe). Zum Herausholen der Pflanzkörbe können Sie sich das **Angelgerät** selbst herstellen(Stiel und Haken aus dickem Draht.

Entfernen von Algen, Blättern und Bodenschlamm per Hand

Auch in einem gut ausbalancierten Teich lässt sich eine kurzfristige Massenvermehrung von Algen oder Schwimmpflanzen niemals ganz ausschließen. Wenn Sie rasch reagieren, sinken die organischen Bestandteile nicht ab. Schwimmende Pflanzen, Blätter und oberflächliche Algen werden mit einem feinmaschigen **Kescher** abgefischt, bei Fadenalgen hat sich ein einfacher **Gartenrechen** bewährt. Ein im Herbst aufgespanntes **Netz** verhindert, dass Laub ins Wasser fällt und zu Boden sinkt. Kleinere Mengen Bodenschlamm entfernen Sie am besten mit einem **Küchensieb**, das mit Isolierband an einem Stiel befestigt wird.

Geräte und Zubehör zur Teichpflege

Säubern von Grund und Oberfläche: Teichsauger und Skimmer

In flachen Teichen, wo der Boden gut sichtbar ist – insbesondere in formalen Zierteichen mit hellem Kieselbelag –, wirken Schmutzteilchen und Beläge sehr störend. Hier helfen spezielle **Teichsauger**, die mehrere Liter Schlamm aufsaugen können; aber auch die meisten **Großsauger** (Industriesauger) für den Gartenbedarf tun hier gute Dienste.
Damit es gar nicht erst zu starkem Bodenschlamm kommt, setzen Sie **Skimmer** ein. Diese Geräte werden ins Wasser gesetzt und saugen Algen, Pollen und Blätter von der Oberfläche ab.

Wie geht's dem Wasser: Messgeräte und Sets

Ein Teich im Gleichgewicht sollte nicht von außen beeinflusst werden – hier reicht die Tellerprobe: Ein Teller ist in 30 cm Tiefe noch sichtbar! Trotzdem wollen Sie sicherlich hin und wieder etwas über die Werte Ihres Wassers wissen. In den handelsüblichen **Test-Sets** sind je nach Preislage neben einem pH-Messstreifen auch Chemikalien zur Bestimmung von Wasserhärte, Nitratgehalt u. a. Werten enthalten. Achten Sie beim Kauf auf eine gute Arbeitsanleitung. Ein unverzichtbares Hilfsmittel ist ein **Wasserthermometer**, da der Sauerstoffgehalt des Wassers mit steigenden Temperaturen abnimmt (wichtig, wenn Sie Fische im Teich haben!).

Wasser für den Teich und seine Pflanzen

Gießen am Teich scheint keinen Sinn zu machen, aber natürlich müssen die Teichrandpflanzen genauso mit Wasser versorgt werden wie jede andere Beetpflanze auch. Somit gehören **Wasserschlauch** und **Gießkanne** auch zur Standardausstattung eines Wassergärtners. An heißen Sommertagen kann die Verdunstung von der Wasseroberfläche bzw. die Transpiration über die oberirdischen Teile der Wasserpflanzen beträchtliche Ausmaße annehmen, der sinkende Wasserspiegel muss über langsam zulaufendes Wasser aus dem Schlauch wieder erhöht werden. Das gilt auch für Fließgewässer mit geschlossenem Wasserkreislauf.

Notwendiges Zubehör zur Fischpflege

Heimische Fische in einem großen Naturteich, der an einer Stelle tiefer ist als 80 cm (Schlammbildung berücksichtigen!), kommen ohne Pflege aus. In Zierteichen müssen Wasserqualität und Sauerstoffgehalt gemessen, eingestellt und die Fische gefüttert werden.
Benutzen Sie einen **Futterring** und füttern Sie vorzugsweise **Lebendfutter** (oder tiefgekühlte Insektenlarven).
Setzen Sie im Spätherbst einen **Eisfreihalter** auf das Wasser, um einen minimalen Gasaustausch zu ermöglichen.
Wasserheizungen sind nur bei exotischen Fischen im Zierteich nötig.

Gartenteich oder Bachlauf?

Schon die Planung eines Wassergartens ist eine äußerst spannende Sache, an der die ganze Familie teilhaben kann. Besuchen Sie die entsprechenden Freianlagen in Gartencentern und fragen Sie Nachbarn oder Freunde nach ihren Erfahrungen. Spielen Sie mehrere Möglichkeiten durch, ehe Sie endgültig entscheiden. Nehmen Sie sich auf alle Fälle genügend Zeit, wenn Sie ein größeres Gewässer planen! Jede voreilige oder unüberlegte Entscheidung könnte sich später rächen!

Sie können Ihren Bach oder Teich natürlich so gestalten und anlegen, wie es Ihnen gefällt. Damit Sie aber auch die gebührende Freude an der Wasserlandschaft haben, sollten Sie sich vor allem Gedanken über den optimalen Standort machen. Haben Sie vom Haus bzw. der Terrasse aus einen freien Blick auf den Teich? Ist die Lage auch sonnig genug? Was würde der Nachbar zu lautem Froschgequake sagen? Können Sie das Gewässer auch kindersicher anlegen?

Vom Plan zur Realität

Zeichnen Sie zunächst Lage und Größe der geplanten Anlage in einen Plan Ihres Gartens ein. Übertragen Sie dann den »Plan-Wassergarten« auf den Gartenboden: Legen Sie einen Gartenschlauch aus oder spannen Sie Gartenschnur zwischen kleinen Pflöcken. Wie stellt sich Ihr Plan nun in der Realität dar?
Rechnen Sie an den Rückseiten des Teiches noch 1–1,5 m (mit Sträuchern bis 3 m) breite Pflanzflächen hinzu und korrigieren Sie ggf. die Lage Ihres »Schlauchteiches«. Kalkulieren Sie den Umfang des Teiches – wenn möglich – lieber großzügig, denn die von den Seiten einwachsenden Uferpflanzen werden die sichtbare Wasserfläche schon bald einengen. Richten Sie auf jeden Fall einen gut zugänglichen, nicht bepflanzten Uferbereich ein (z. B. mit Platten belegen) – von hier aus können Sie dann leichter die notwendigen Pflegemaßnahmen durchführen.
Bedenken Sie unbedingt, wie Sie den Teich ausheben wollen und was Sie mit dem Aushub machen. Schon ein 1 m tiefer Teich von ca. 3 m Durchmesser liefert etwa 3–4 m^3 Erde! Kleinere Teiche können Sie mit dem Spaten ausheben und mit der Erde eine Bachlandschaft modellieren, bei größeren Teichen brauchen Sie einen Mini-Bagger und müssen wahrscheinlich den Aushub abtransportieren lassen. Ist das am geplanten Standort möglich?

Von der Planung zur Praxis

Vor dem Vergnügen kommt die Arbeit – bei größeren Anlagen ist außerdem Organisationstalent gefragt: Wann muss der Minibagger bestellt werden? Wo wird die abgetragene Muttererde (Oberboden) zwischengelagert? Wohin kommt der eigentliche Aushub (Garten oder zum Abtransport)? Wie viel Material (Folien, Sand, Steine für die Randgestaltung usw.) muss bestellt und angeliefert werden? Und schließlich die entscheidende Frage: Wollen Sie den Wassergarten selbst anlegen oder von einem Gartenbaubetrieb einrichten lassen?
Für einen handwerklich geschickten Gartenbesitzer ist der Teichbau kein unlösbares Problem, und der freudige Stolz nach getaner Arbeit wiegt Schweiß und Muskelkater mehr als auf. Andererseits sollte man seine Freizeit und Möglichkeiten realistisch und ehrlich bewerten – lieber einen professionell erbauten Teich bepflanzen und pflegen, als sich zu übernehmen.

Folie ist nicht gleich Folie

PVC (Polyvinylchlorid): preiswerte Teichfolie in Schwarz, Grün, Blau oder Beige, 0,5–2 mm stark; relativ einfach zu verarbeiten und zu reparieren (Heißluftpistole, Schweißmittel, Folienkleber); nur »regeneratfreie« Folie ist beständig gegen dauerhafte Sonnenstrahlung.

PE (Polyethylen) bzw. PE-LD: umweltfreundlich, recyclebar, frost- und UV-beständig; etwas starrer als PVC, nur in Schwarz erhältlich, 0,5–1 mm stark; kann mit Heißluftpistole und Kleber verarbeitet werden.

EPDM (Kautschuk): teuerste Folie, sehr reißfest, äußerst flexibel, beständig gegen Hitze, Frost, UV-Strahlung und Wurzeldruck; umweltneutral.

Wo ist der beste Platz für den Wassergarten?

Wo der gestalterisch »beste Platz« für eine Wasseranlage ist, müssen Sie schon selbst entscheiden, es gibt allerdings einige Faktoren, die Sie grundsätzlich beachten sollten:

- **Die Geländeform:** Während ein Zierteich an beliebiger Stelle im Garten liegen darf, gehören Naturteiche stets an die tiefste Stelle. In geneigten und Hanggrundstücken gebietet dies bereits die Praxis, da andernfalls massive Stützkonstruktionen erforderlich wären. Aber auch in ebenem Gelände erwartet der Betrachter das Wasser in einer »Senke« – so wie er es aus der Natur kennt. Daher sollte zumindest ein Teil des Aushubs dazu verwendet werden, den Randbereich des Teiches als sanft ansteigenden Hang zu modellieren. Aus der Sicht des Betrachters scheint sich das Wasser dann zu Füßen einer Steigung gesammelt zu haben. Wenn Teiche in Verbindung mit einem Bachlauf angelegt werden, ergibt sich die natürliche Situation aus Gefällstrecke, Bachlauf und Sammelbecken noch zwangloser.
- **Licht und Schatten:** Am idealen Standort liegt der Teich am Vor- und/oder Nachmittag in der Sonne (5–6 Stunden pro Tag) und wird während der heißen Mittagszeit vom Haus oder von Bäumen auf mindestens einem Drittel seiner Fläche beschattet. Teiche in der prallen Mittagssonne heizen sich zu stark auf, der Sauerstoffgehalt sinkt, Tiere und Wasserpflanzen werden nicht ausreichend mit Sauerstoff versorgt. Liegt der Teich dagegen zu lange im Schatten, gedeihen weder Seerosen noch viele der attraktiven Teichrandpflanzen. In einem neuen Garten sollten Sie daher entweder südlich des Teiches einen Baum pflanzen, dessen Krone den Teich beschattet, oder den Teich im Hausschatten anlegen. In gewachsenen Gärten wird der Teich in die vorhandenen Schattenflächen eingegliedert. Übrigens kann zur Not auch ein etwas dichterer Besatz mit Schwimmblattpflanzen für beschattetes Wasser sorgen. Obwohl das fließende Wasser eines Baches für gewisse Kühlung sorgt, bleiben auch Bäche teilweise beschattet.
- **Bäume und Sträucher:** Gehölze liefern zwar den bereits angesprochenen Schatten, können andererseits aber auch Probleme bereiten. Blätter, Nadeln und Blütenstaub fallen ins Wasser und müssen regelmäßig entsorgt werden, sonst sammelt sich zu viel organischer Abfall am Teichboden an. Wurzeln könnten eine Teichfolie beschädigen oder zu den Teichrandpflanzen in Wurzelkonkurrenz treten.
- **Wasserbewegung:** Wird ein Teich weder durch einen Bacheinlauf noch eine Sprudelpumpe mit Sauerstoff angereichert, leiden Fische und Pflanzen. Bei genügend gro-

Terrasse, Wasser und Bepflanzung bilden eine gekonnte, harmonische Einheit. Dank des auf Stelzen stehenden Holzdecks schwebt der Betrachter beim Kaffee im Wortsinne »über den Wassern«.

ßen Anlagen muss daher der Wind auf die Wasseroberfläche einwirken können. Er sorgt für eine gewisse Wasserzirkulation und lässt kühleres, sauerstoffreiches Tiefenwasser aufsteigen.

- **Sitzplätze:** Eine Wasserlandschaft ohne nahen Sitzplatz wäre verfehlt. Berücksichtigen Sie daher in gewachsenen Gärten die Blickrichtungen von dem/den Sitzplatz/-plätzen aus und planen Sie in neuen Gärten unbedingt einen hübschen Sitzplatz und einen geeigneten Zuweg ein.

Wann wird das Gewässer am besten angelegt?

Der beste Zeitpunkt ist ein trockener Tag im späten Frühjahr: Es ist nicht mehr zu kalt zum Arbeiten, das eingefüllte Wasser friert nicht ein und kann sich beruhigen, bis im April/Mai (Hinweise auf den Pflanzencontainern beachten!) die ersten Wasserpflanzen eingepflanzt werden. Auch der Sommerurlaub kann zum Bau einer Wasseranlage genutzt werden. Für viele Wasserpflanzen ist jetzt aber die Zeit zum Anwachsen bis zum Winter zu kurz. Sie können sie dann erst im folgenden Frühling und Frühsommer einsetzen und bis dahin Pflanzenkataloge wälzen. Der Herbst lässt zwar noch Grabarbeiten zu, auch das Wasser kann eingefüllt werden, mit der Bepflanzung sollten Sie aber besser bis zum nächsten Frühjahr warten. Andererseits wachsen im Herbst gepflanzte Gehölze für die Umgebung der Wasseranlage gut an.

Wie geht man vor?

Wichtig ist ein möglichst präziser Zeitplan! Da bei größeren, in Eigenbau entstehenden Anlagen mehrere Tage Bauzeit angesetzt werden müssen, sollte man einige Urlaubstage bzw. mehrere Wochenenden ansetzen. Klären Sie rechtzeitig ab, welche Lieferzeiten für feste Becken bzw. zugeschnittene Folien bestehen. Organisieren Sie ggf. den Abtransport des Aushubs und fragen Sie nach, wo Sie in Ihrer Umgebung einen Mini-Bagger leihen können (für einen bestimmten Zeitpunkt vorbestellen). Diese Daten stellen das Grundgerüst für den Zeitplan dar. Bestellen Sie Folie oder Teichbecken, und bitten Sie rechtzeitig Freunde und Bekannte um Hilfe, denn die meisten Arbeiten sind nicht alleine durchführbar. Wenn Sie gemeinsam anpacken, dann geht vieles leichter.

Kleine Gewässerökologie für Wassergärtner

Teichpflanzen müssen mit ganz anderen Voraussetzungen fertig werden, als ihre Verwandten an Land: Der Auftrieb des Wassers macht kräftige, stützende Stängel unnötig, daher sitzen beispielsweise die relativ schweren Schwimmblätter an nachgiebigen Stielen, einige Pflanzen treiben sogar völlig frei im Wasser.
Wasser ist keine Mangelware, es braucht daher nicht mit ausgedehntem Wurzelwerk der Erde entzogen werden. Andererseits müssen Wasserpflanzen dem Wasser Sauerstoff (für die Atmung) und Kohlendioxid (für die Fotosynthese) entziehen. Im Wasser stehen beide Stoffe in geringerer Konzentration als in der Luft zur Verfügung. Aus diesem Grund wachsen viele Flachwasser- und Sumpfpflanzen besonders üppig: Sie versorgen sich mit reichlich Wasser aus dem Teich und den Gasen aus der Luft.
So weit zu den grundsätzlichen Unterschieden zwischen Teich- und »normalen« Gartenpflanzen. Um den Teich später optimal pflegen zu können, brauchen Sie als angehender Wassergärtner auch ein paar Grundkenntnisse in Gewässerökologie – wirklich nur grundlegendes Wissen.

Das geheimnisvolle »biologische Gleichgewicht«

Jede biologische Lebensgemeinschaft ist ein offenes System, in das Stoffe von außen einfließen (z. B. Mineralien, Kohlendioxid), die von den Mitgliedern der Lebensgemeinschaft verarbeitet werden. Innerhalb des Systems sind die einzelnen Mitglieder wechselseitig voneinander abhängig: Die Pflanzen produzieren Sauerstoff und dienen als Nahrung für Tiere. Fleisch fressende Tiere fressen die Pflanzenfresser, und wenn ein Tier oder eine Pflanze stirbt, warten schon die Nutznießer auf die Überreste. Solange alle Mitglieder einer solchen Lebensgemeinschaft störungsfrei neben- und miteinander existieren und gedeihen, ist das System im »biologischen Gleichgewicht«. Leider stellt sich ein solches Gleichgewicht auf natürliche Weise im Gartenteich nur selten ein – er ist in den meisten Fällen einfach zu klein. Der Wassergärtner muss daher lernen, Störungen des Gleichgewichts zu erkennen und zu beheben (siehe Seite 66/67). Trübes Wasser, übermäßiger Algenwuchs, unangenehmer Geruch sind sichere Zeichen, dass etwas nicht stimmt.
Das Prinzip des biologischen Gleichgewichts wird am Sauerstoffgehalt des Wassers besonders deutlich: Im Wasser ist rund 20-mal weniger Sauerstoff gelöst als in der Luft. Wenn sich das Wasser im Sommer erwärmt, sinkt der Sauerstoffgehalt, in kühlem Wasser steigt er an.
In einem großen Naturteich produzieren Wasserpflanzen genügend Sauerstoff für relativ wenige Fische, außerdem treibt der Wind immer wieder sauerstoffreicheres Tiefenwasser nach oben. In kleinen bis mittleren Gartenteichen schwimmen dagegen gewöhnlich mehr Fische herum, als das Wasser verkraften kann – hier müssen Sprudelpumpen, Oxidatoren oder ein plätschernder Wasserzulauf den nötigen Sauerstoff nachliefern.

Gestaffelte Wassertiefen sorgen für Vielfalt

Je größer ein Teich ist, desto besser kann er ohne umfangreiche technische Hilfsmittel im Gleichgewicht gehalten werden – das gilt selbstverständlich nicht für Zierteiche. Dabei kommt es aber nicht allein auf die Teichfläche, sondern auch auf eine gestaffelte Tiefengliederung an.

- Die **Tiefwasserzone** oder **Seerosenzone** beginnt ab etwa 50 cm Wassertiefe, sollte an einer Stelle aber mindestens 80–100 cm Tiefe erreichen. Der Flächenanteil dieser Zone am Gesamtteich beträgt im Idealfall etwa 20 %.

Hilfe, der Teich kippt um!

In jedem Teich reichern sich organische Abfälle am Boden an. Sie werden von Bakterien unter Sauerstoffverbrauch in mehreren Stufen bis zum Nitrat abgebaut. Nitrat dient als Nährstoff für Pflanzen, wird aber auch von anderen Bakterien zum »unschädlichen« Stickstoff abgebaut. Bei Teichen im biologischen Gleichgewicht halten sich Nitrataufbau und Nitratverbrauch die Waage. Ist das Nährstoffangebot jedoch zu hoch, steigt der Nitratgehalt im Wasser, und die Algen nehmen zu (Algenblüte). Sie sinken zu Boden und heizen den Kreislauf weiter an, bis schließlich aus dem immer dicker werdenden Faulschlamm schwefelhaltige Gase aufsteigen.

In einem gesunden, intakten Gewässer finden sowohl Pflanzen als auch Tiere den ihnen zusagenden Lebensraum und fühlen sich wohl. Der Wassergärtner greift nur bei Störungen ein.

Die Tiefwasserzone bleibt auch im Sommer merklich kühler als das Oberwasser. Neben den Seerosen fühlen sich hier auch die Sauerstoff produzierenden Schwimmpflanzen wohl. Fische überstehen schadlos den Winter, weil der Teich nicht so tief zufriert. Am Grund der Tiefwasserzone reichert sich im Laufe der Zeit organisches Material an, das aus dem Teich selbst oder dem Garten (Blätter, Blüten, Pollen usw.) stammt. Dieses Material wird von den Zersetzern wieder in mineralische Nährstoffe umgewandelt – so die Theorie. Tatsächlich besteht jedoch in kleineren Teichen die konkrete Gefahr, dass es zur Bildung von Faulgasen kommt (siehe Kasten Seite 28).

- Die **Flachwasserzone** erstreckt sich von etwa 20 cm Wassertiefe bis zum Beginn des tiefen Wassers. In der Natur bildet sie sich über Flachstellen und Bodenwellen, im Gartenteich wird sie durch eine »Schulter« beim Ausheben des Folienteiches künstlich erzeugt. In Fertigteichen ist sie bereits vorgegeben. Ihr Flächenanteil beträgt etwa 40 %. Um genügend Platz für Pflanzen zu haben, sollten die Stufen mindestens 40–50 cm breit sein. Der Wasserkörper bleibt auch im Sommer noch relativ kühl, und die Fotosynthese in den Unterwasserblättern der Pflanzen reichert das Wasser mit Sauerstoff an. Das in diesem Bereich wachsende Schilf und Röhricht (es erstreckt sich bis in die Flachwasserbereiche der Sumpfzone) wirkt wie ein biologischer Filter und sorgt z. B. in Schwimmteichen für eine Verbesserung der Wasserqualität.
- Etwa gleich groß sollte die **Sumpfzone** (40 % Flächenanteil) sein, der Übergang zwischen dem nassen Element und dem Land. Sie reicht von der Kapillarsperre bis 20 cm Wassertiefe und kann in den äußeren Bereichen durchaus trockenfallen. Die hier wachsenden Sumpfpflanzen gehören zum Schönsten, was eine blühende Teichlandschaft zu bieten hat. Die Sumpfzone ist vor allem der für Kinder interessanteste Teil der Teichlandschaft, weil sich hier Libellen, Schmetterlinge und Wasserkäfer aufhalten und Frösche ablaichen.
- Der **Uferrand** (im Gartenteich außerhalb der Kapillarsperre) gehört nicht mehr im eigentlichen Sinn zum Gartenteich. In der Natur bietet er vielen besonders angepassten Pflanzen einen Lebensraum, denn der Boden ist immer noch relativ feucht.

Der Fertigteich aus dem Baukasten

Das benötigen Sie

- Sand (Körnung 0/2)
- Schnur, Pflöcke oder Gartenschlauch, Grabwerkzeuge und Schaufel, Plane für den Aushub, Schubkarre, Stampfer, Wasserwaage und Kanthölzer (eines muss quer über das Becken reichen)

Diese Zeit brauchen Sie

für ein 2–3 m^2 großes Becken brauchen zwei Personen einen Tag; am zweiten Tag werden der restliche Sand eingeschlämmt und die Arbeiten vollendet

Wer eine schnelle und relativ einfache Lösung für einen Teich sucht, der ist mit einem Fertigteich gut bedient. Zur Auswahl stehen Fertigteiche in den verschiedensten Größen und Formen.

Kleinere Fertigteiche und viele der kombinierbaren Elemente bestehen aus schwarz eingefärbtem Polyethylen (PE). Dieses Material ist relativ leicht und sehr haltbar. Es kann von Laien gut transportiert und bewegt werden und nimmt Stöße nicht übel. Die Garantiefrist sollte 10 Jahre betragen!

Große Teichbecken sind dagegen oft aus Kunststoff gefertigt, der mit Glasfasern verstärkt wurde (GFK) – aus demselben Material werden auch Boote hergestellt. GFK-Teichbecken sind relativ schwer. Hier braucht es schon den Fachmann für den Transport, das Abladen und den Einbau im Garten. Prüfen Sie unbedingt vorher, ob das Becken auch komplikationslos an die geplante Stelle im Garten gebracht werden kann. Passt das Becken durch alle Durchgänge und Wendeflächen?

1. So kommen Sie zu einer passgenauen Grube

Die Grube muss passend zur Form des Fertigteichbeckens ausgehoben werden. Stellen Sie dazu das Teichbecken auf das Gras (siehe Bild) und markieren Sie auf dem Boden den Rand des Beckens mit einem Gartenschlauch oder mit Schnur und Pflöcken. Stellen Sie dann das Becken beiseite und geben Sie rundum noch 10–15 cm zu, damit Sie das Becken problemlos einsetzen können. Legen Sie das Becken nicht umgestülpt auf den Boden, das ergibt einen spiegelverkehrten Abdruck!

2. So legen Sie die einzelnen Tiefenstufen fest

Um die Tiefenzone markieren zu können, müssen Sie die Teichfläche etwa eine Handbreit tief ausgraben und einebnen. Darauf stellen Sie dann das Becken und machen einen Abdruck des Bodens. Graben Sie entlang dem Abdruck so weit herunter wie die Tiefenzone hoch ist (rundum wieder 10–15 cm zugeben, in der Tiefe 10 cm). Bei Becken mit mehreren Tiefenstufen Becken immer wieder einstellen, Abdruck machen und Stufe für Stufe von innen nach außen graben. Jede Tiefenstufe muss etwa 10 cm tiefer sein als der zugehörige Beckenboden. Zum Schluss muss das Becken locker in der Grube stehen.

3. Der Untergrund muss ganz eben sein

Entfernen Sie nun eventuelle Steine und Wurzeln, glätten Sie die schräg abfallenden Stufen und ebnen Sie den Boden gut ein. Legen Sie dann zwei Kanthölzer (4 x 10 cm) auf den Boden (Abstand in Wasserwaagen-Länge). Prüfen Sie mit der Wasserwaage, ob sie waagerecht liegen. Füllen Sie den Boden der Tiefwasserzone mit Sand bis auf die Höhe der Oberkante der Kanthölzer auf und stampfen ihn gut fest. Ziehen Sie mit einem Richtscheit die Sandfläche in Höhe Oberkante-Kanthölzer glatt. Wenn der Untergrund waagerecht und verfestigt ist, vorsichtig die Kanthölzer herausnehmen.

4. Setzen Sie das Teichbecken vorsichtig ein

Stellen Sie das Becken vorsichtig in die Grube. Es darf nicht abrutschen und die Sandschicht beschädigen. Prüfen Sie, ob das Becken auch waagerecht steht: Legen Sie dazu das lange Kantholz über den Beckenrand und messen Sie in mehreren Richtungen mit der Wasserwaage nach. Gleichen Sie ggf. mit Sand aus. Wenn alles stimmt, füllen Sie das Becken zu etwa einem Drittel mit Wasser.

Expertentipp

Wenn Sie jetzt »schludern«, scheint die Wasserfläche später schief zu stehen, und der Kunststoffrand bleibt an einer Seite sichtbar.

5. Schlämmen Sie das Teichbecken gut ein!

Schaufeln Sie nun vorsichtig zwischen Beckenrand und Erde Sand ein, ohne das Becken zu verschieben. Schlämmen Sie den Sand mit einem weichen Wasserstrahl gut in die Hohlräume ein. Arbeiten Sie rundum und gleichmäßig, d. h.: Sand einfüllen, mit Wasser einschlämmen, zum nächsten Abschnitt übergehen. Schlämmen Sie so lange ein, bis die Sandschicht etwa bis zum Beginn der Flachwasserzone reicht. Jetzt muss sich der Sand erst einmal über Nacht setzen. Fahren Sie am Folgetag fort, bis die Sandschicht bis zum Beckenrand reicht.

Fertigteiche – einmal anders

Das benötigen Sie

- Fertigteich oder flache Becken
- Materialien wie auf Seite 30
- Zement
- Platten oder Holz für den Rand (Zierteich)
- Palisaden oder Steine, um einen Hang abzufangen (Hangteich)
- Brunnenpumpe (Set)

Diese Zeit brauchen Sie

wie Seite 30; hinzu kommt die Zeit für die Gestaltung des Randes

Fertigteiche können auch sehr gut in bestehende Ensembles, seien es Terrassen oder Sitzplätze, Hanggärten oder formale Ziergärten, eingebaut werden.
In der Tat werden sie heute überall dort eingesetzt, wo man früher einen Betonteich gegossen hätte. Sie sind gut zu handhaben, daher stellt ihr Einbau auch für Laien kein unlösbares Problem dar. Allerdings sollten Sie sich vor dem Kauf genau beraten lassen, denn nicht jeder Beckentyp ist für jeden Standort geeignet. Beginnen Sie zur Sicherheit »auf dem Papier«! Ein einfaches Rechteck/Quadrat im richtigen Maßstab ist rasch aus Pappe ausgeschnitten und lässt sich beliebig auf einem Gartenplan verschieben. Können Sie sich immer noch nicht entscheiden? Dann legen Sie den Teich doch als 1:1 Kopie aus Pappe (z. B. aufgefaltete Umzugskartons) direkt im Garten aus, bis Sie die perfekte Position gefunden haben – erst dann greifen Sie zum Spaten.
Folgen Sie beim Einbau den Schritten, die auf Seite 30/31 vorgestellt werden.

Festgemauert in der Erden ...

Mit Hilfe von Fertigteichen lassen sich herrliche Arrangements komponieren, die im Idealfall wie aus einem Guss wirken. Hier übernimmt ein kleines, kreisrundes Teichbecken die Funktion eines Blickpunktes genau im Zentrum eines ungewöhnlichen Sitzplatzes. Erfahrene Heimwerker können derartige Konstruktionen selbst errichten, alle übrigen sollten die Mauerarbeiten besser einem Fachmann übertragen.

- Zeichnen Sie zunächst mit dem Schnurzirkel den Außenkreis des Sitzplatzes auf den Boden (Stab ins Zentrum einschlagen; gespannte Schnur mit dem geplanten Radius darum herumziehen).
- Lassen Sie den Stab stecken und verkürzen Sie die Schnur um die Breite der Sitzfläche (50–70 cm).
- Durch eine weitere Verkürzung markieren Sie später die Außenlinie des Beckens.
- Nun wird der Graben für das Mauerfundament ausgehoben und das Fundament gegossen.
- Während Sie den Boden für den Untergrund des Belages auskoffern und anlegen (gestampfter Kies und Sand), sollte der Zirkelstab möglichst stehen bleiben, sonst müssen Sie später den inneren der drei konzentrischen Kreise rekonstruieren.
- Wenn Sie das Becken vorher eingraben möchten, wird es erst nach Abschluss der Fläche endgültig nivelliert.

Zierteiche brauchen eine geometrische Form

Wählen Sie für Zierteiche rechteckige, quadratische, kreisförmige oder ovale Fertigbecken (Einbau siehe Seite 30/31). Verdecken Sie den Plastikrand mit Naturstein- oder Betonplatten. Die Platten dürfen aber nicht direkt aufliegen, sonst könnte der Kunststoffrand unter der Belastung beschädigt werden. Setzen Sie daher parallel der Teichkante entweder Kantsteine (Leistensteine) in Beton oder gießen Sie ein Betonfundament, das den Druck der Platten aufnimmt. Für einige Teichbecken werden schon Metallprofile zum Aufschieben auf den Rand angeboten, die ebenfalls den Druck aufnehmen.

Ein Wasserbecken an der Terrasse

Wenn Ihre Terrasse gleichsam über dem Wasser »schweben« soll, dann sollten Sie das Teichbecken unmittelbar an der Terrasse einbauen. Gießen Sie direkt neben dem Teichbecken ein Betonfundament, auf dem eine waagerechte Holzbohle als Unterlage für die Terrasse lagert. Auf dieser Unterkonstruktion können Sie dann die Terrassenbretter mehrere Zentimeter weit über die Wasseroberfläche ragen lassen.

Expertentipp

Diese Teichform ist für spielende Kinder äußerst gefährlich, und daher für Familien mit Kindern nicht geeignet!

Flache Becken als Basis für Wassersäulen

Seit der Fachhandel Plätscherbrunnen, Sprudelsteine oder Springbrunnen im Set anbietet (Pumpen, Schlauchmaterial, Düsen usw.), ist der Einbau auch für Laien kein Problem mehr. Richten Sie zuerst das Becken auf einer Sandschicht waagerecht aus. Fixieren Sie es mit eingeschlämmtem Sand. Installieren Sie das Pumpensystem nach Anleitung und geben Sie das Füllmaterial (z. B. Schmuckkies) ins Becken. Der Schmuckkies im Becken muss regelmäßig gereinigt werden

So bereiten Sie einen Folienteich vor

Folienteiche haben den Vorteil, dass sie weitaus individueller gstaltet werden können als Fertigteiche.
Da sich die Folie unter dem Wasserdruck dem Untergrund anschmiegt, müssen die Grab- und Nivellierungsarbeiten nicht ganz so präzise wie beim Fertigteich ausgeführt werden. Dafür ist etwas mehr Aufwand erforderlich, den Untergrund vorzubereiten und die Fläche von Folie und Vlies zu bestimmen (siehe Schritt 5 und nächste Doppelseite).
Für kleine Teiche können Sie die Folie von der Rolle kaufen und selbst zuschneiden. Die Folie für größere Teiche wird firmenseitig zugeschnitten und verschweißt.
Entweder bestellen Sie die Teichfolie für eine feste Teichgröße/-tiefe (dann müssen Sie sich beim Graben an dieses Maß halten), oder Sie heben zuerst die Grube aus, bestimmen die erforderliche Foliengröße und breiten die Folie später aus (Lieferzeiten beachten!).

Das benötigen Sie

- Grabwerkzeuge oder Mini-Bagger
- Plane für den Aushub
- Schnur und Zollstock oder Bandmaß
- Gartenschlauch
- Schubkarre
- Wasserwaage (optimal sind Laser-Wasserwaagen)
- lange Leisten
- Stampfer, bei sehr großen Teichen Rüttelmaschine

1. Bestimmen Sie zuerst Lage und Umriss des Teiches

Mit einem Gartenschlauch lässt sich der Umriss Ihres Teiches am besten auslegen. Seine etwas festere Form eignet sich besser für Bögen und Schwünge als eine Schnur. Je sanfter nämlich die Schwünge des Teichrandes ausfallen, desto geringer ist die Gefahr einer späteren Faltenbildung beim Auslegen der Teichfolie.
Wenn die Größes des Teiches und seine Form Ihren Vorstellungen entspricht, streuen Sie den Umriss mit Sand ab.
Für Laien ist diese Vorgehensweise besser als der Teichbau nach genauen Planvorgaben. Sie behalten die Kontrolle über die Größe, können sogar noch Änderungen einbringen. Bestellen Sie die Folie erst dann, wenn Teichgröße und -tiefe so sind, wie Sie es sich vorstellen.

2. Was beim Ausheben des Teiches zu beachten ist

Heben Sie zunächst die Grasnarbe ab. Können Sie die Grasstücke zum Ausbessern des Rasens verwenden? Schaufeln Sie den nun folgenden humusreichen Mutterboden auf eine Folie. Sie können ihn sicherlich gut als Pflanzsubstrat verwenden.
Beginnen Sie bei einer Tiefe von ca. 20–30 cm damit, Tiefenzonen einzurichten (siehe Bild oben) und arbeiten Sie sich langsam bis zur Tiefwasserzone vor. Der Flächenanteil der Flachwasserzone (20–50 cm Tiefe) beträgt etwa zwei Fünftel. Die Tiefwasserzone sollte mindestens 80 cm Wassertiefe haben (siehe Seite 28/29) und etwa ein Fünftel der Gesamtwasserfläche betragen.
Geben Sie zu den geplanten Tiefen mindestens noch 15–20 cm hinzu – für die Sandschicht unter der Folie und das Substrat im Teich.

3. Untergrund glätten und Tiefenzonen ausbauen

Wenn Sie die grobe Richtung des Teiches und seiner Tiefenzonen angelegt haben, geht's an die Feinarbeit: Modellieren und glätten Sie einzelne Tiefenzonen und die Hänge bis zum Teichgrund. Entfernen Sie alle großen und spitzen Steine und schneiden Sie Wurzeln heraus.
Ein idealer Hang fällt nicht senkrecht, sondern leicht geneigt zur Tiefe hin ab. Gleichen Sie den Flächenverlust durch die Schrägung ggf. aus, indem Sie die restlichen zwei Fünftel der Gesamtfläche, die Sumpfzone (bis 20 cm + 15–20 cm tief) nach außen hin erweitern. Legen Sie an den Übergängen der Schultern zum Hang jeweils einen kleinen Erdwall an, damit später das Substrat nicht ausgewaschen wird. Verdichten Sie den Untergrund mit dem Stampfer.

4. Kapillarsperre und Überlauf vorbereiten

Bei direkter Verbindung zwischen Teichwasser und Erde steigt der Verdunstungsverlust stark an – Abhilfe schafft eine Kapillarsperre. Andererseits kann der Teich bei Starkregen überfließen. Er braucht also einen Überlauf. Legen Sie deshalb etwa 20 cm vom Teichrand entfernt einen 15–20 cm tiefen und breiten Graben an. Mit grobem Kies verfüllt, dient er später als Kapillarsperre.
Ein Drainagerohr mit Abfluss in eine Sickergrube nimmt überschüssiges Wasser auf.

Expertentipp

Nach meiner Erfahrung kann man in kleinen Teichen den Überlauf durch eine flach auslaufende Sumpfzone ersetzen. Füllen Sie verdunstetes Wasser nach.

5. Foliengröße bestimmen und Rand nivellieren

Zum Abschluss der vorbereitenden Arbeiten können Sie nun die Größe der benötigten Folie bestimmen: Legen Sie ein flexibles Maßband über die größte Breite und die Länge der Teichgrube (siehe Bild) und notieren Sie die Werte. Das funktioniert auch mit einer Schnur, deren Länge Sie anschließend mit einem Zollstock ausmessen.
Längen- und Breitenwert dienen als Grundlage für die Berechnung (siehe nächste Seite). Zum Abschluss der Arbeiten wird eine lange Leiste an mehreren Stellen über den Teich gelegt und mit der Wasserwaage bestimmt, ob der Rand überall gleich hoch ist. Wenn nicht, können Sie das durch Aufschütten mit etwas Erdaushub ausgleichen.

So wird der Folienteich fertig gestellt

Die Teichgrube für den Folienteich ist ausgehoben, die Tiefenstufen und Hänge geglättet, nivelliert und verfestigt, und rund um den Teich zieht sich eine Kapillarsperre.
In dieser Bauphase erscheint dem Bauherrn das Teichbecken erfahrungsgemäß viel zu groß. Wenn sich die Randbepflanzung aber erst einmal entwickelt hat, »schrumpft« der Teich auf vertretbare Größe ein. Tatsächlich wünschen sich viele Teichbesitzer später, sie hätten den Teich doch noch größer angelegt.
Jetzt ist die letzte Gelegenheit, Größe und Form des Teiches noch zu ändern!
Je nach Größe kaufen Sie die Folie als Meterware oder lassen sie vom Hersteller verkleben. Bei Teichen mit kompliziertem Grundriss (Engstellen, Weitungen, Bögen) sollten Sie dem Händler einen Plan mit Tiefenangaben vorlegen, dann passt die Folie genauer.

Das benötigen Sie

- Teichfolie
  Größe der Teichfolie: gemessene Länge x Breite (+ jeweils 60 cm Randzuschlag); die notwendige Stärke ergibt sich aus der Teichgröße. Hier weiß der Händler Bescheid.
- Teichvlies zum Unterlegen (so viel wie Teichfolie)
- Sand
- Kies für die Kapillarsperre
- Teichsubstrat für die Flachwasserzone
- Schere (zum Folie zuschneiden)

1. Ein weicher Untergrund federt ab

Damit die durch das Wasser an den Boden gedrückte Folie nicht durch eventuell noch vorhandene Steine oder Wurzeln durchstoßen werden kann, werden Boden und Hänge mit 10–15 cm Sand überdeckt.
Beginnen Sie in der Tiefwasserzone und arbeiten Sie sich nach außen vor. Der Sand lässt sich besser verarbeiten, wenn er nach dem Ausbringen mit einem fein sprühenden Wasserstrahl durchfeuchtet wird. Glätten Sie die Sandfläche mit einer Schaufel und stampfen Sie sie gut fest. Vor allem auf den schrägen Hängen rutscht der Sand leicht ab; gehen Sie hier vorsichtig zu Werke und füttern Sie ggf. etwas Sand nach.

2. Vlies – zusätzlicher Schutz von unten

Auf die Sandschicht aufgelegtes Teichvlies bildet eine leicht zu verlegende, widerstandsfähige, schützende Unterlage für die Teichfolie. Das Vlies wird in Bahnen geliefert, muss also nicht zugeschnitten werden.
Am einfachsten geht das Verlegen zu zweit: Fassen Sie das Ende einer Bahn an und gehen Sie an den Längsseiten seitlich am Teich vorbei bis zur Mitte – Vlies absinken lassen. Treten Sie vorsichtig auf das Vlies, ohne die Sandschicht zu beschädigen, und drücken Sie es den Konturen an. Die nächste(n) Bahn(en) werden mit mindestens 20 cm Überlappung aufgelegt, bis die Teichenden erreicht sind. Je weniger Falten das Vlies bildet, desto einfacher ist die Folie darauf zu verlegen.

3. Passen Sie die Folie eng an die Teichmulde an

Das Verlegen der Teichfolie geht nur mit Helfern und geht am besten an warmen Tagen, dann ist die Folie am geschmeidigsten! Breiten Sie die Folie in der richtigen Orientierung neben dem Teich aus und ziehen Sie dann die Folie vorsichtig über den Teich. Achten Sie darauf, dass weder das Vlies verrutscht noch die Sandschicht beschädigt wird. Nach Vorgaben verklebte Folie für größere Teiche kann auch in die Tiefenzone gelegt und Falz für Falz nach außen hin ausgeklappt werden.

Expertentipp

Heben Sie Folienreste für eventuelle Reparaturen auf und vermerken Sie die genauen Herstellerdaten für eventuelle Nachbestellungen.

4. So passt sich die Folie noch besser an

Wenn die Folie verlegt ist, darf sie nur noch barfuß oder auf Socken betreten werden.
Glätten Sie große Falten so gut wie möglich und ziehen Sie die Folie glatt über Kanten und Hänge.
Füllen Sie den Teich dann langsam etwa zu einem Drittel mit Wasser. Dabei drücken sich die Falten dem Untergrund an, und die Folie wird vom Rand her noch stärker in den Teich gezogen. Lassen Sie das Wasser mindestens einen Tag lang im Teich stehen, bevor Sie das Teichsubstrat auf den Tiefenstufen ausbreiten und weiteres Wasser auffüllen.
Jetzt ist die beste Zeit, um Bachzuläufe und alle Arten von Kabelschächten (für Elektroinstallationen, Wasserrohre für Pumpen usw.) anzulegen.

5. Endarbeit: Kapillarsperre fertig stellen

Nachdem sich das Wasser beruhigt hat, wird die Folie durch den Graben der Kapillarsperre gezogen und mit grobem Kies aufgefüllt. Der Kies hält die Folie in Position. Die Poren zwischen den Kieselsteinen sind zu groß, um das Wasser wie in einer Kapillare »auszusaugen«.
Ziehen Sie auf der vom Teich abgewandten Seite der Sperre die Folie hoch und bedecken bzw. verdecken Sie sie mit großen Steinen. Es darf keine direkte Verbindung zwischen Wasser und Erdreich geben! Wenn ein Überlauf geplant ist, muss der Wall zur Wasserfläche an dieser Stelle etwas tiefer gelegt werden, damit das Wasser nur hier überfließt.
Später werden die Blätter der Teichrandpflanzen den Graben überwachsen und kaschieren.

So legen Sie einen Bachlauf an

Auch wenn der Bachlauf im Mittelpunkt des Interesses stehen soll, brauchen Sie auf jeden Fall ein Auffangbecken (Rückhaltebecken), das die Pumpe oder deren Ansaugstutzen aufnimmt. Dimensionieren Sie dieses Reservoir nicht zu klein, denn die Wassermenge muss ausreichen, Rohre und den gesamten Bach mit Wasser zu füllen. Wird die Pumpe eingeschaltet, sinkt der Wasserspiegel im Reservoir so lange ab, bis sich Rohre und Bachlauf gefüllt haben (ggf. Wasser nachfüllen). Ein Bachlauf von 5 m Länge mit kleinen Zwischenbecken braucht ein Auffangbecken von rund 400–500 l Fassungsvermögen. Lassen Sie sich den genauen Wert vom Händler berechnen, bei dem Sie die Pumpe kaufen (siehe Seite 16/17).

Das benötigen Sie

- Grabwerkzeuge
- Leisten
- Wasserwaage
- Sand, Kies und Feldsteine
- Folie (Meterware) mit Vlies oder fertige Bachschalen
- Stampfer
- Pumpe und Zuleitungen

Diese Zeit brauchen Sie

Kalkulieren Sie mit Helfern zwei Wochenenden für einen 2–3 m langen Bachlauf ein.

Bachschalen – die Instant-Lösung

Legen Sie die Bachschalen in der gewünschten Form im Garten aus, und graben Sie dann zuerst das Rückhaltebecken. Modellieren Sie dann mit dem Aushub Schale für Schale den Untergrund des Baches. Die einzelne Bachschale braucht ein sanft geneigtes Gefälle (durch die Bauweise vorgegeben, damit das Wasser später problemlos bergab fließt).
Stampfen Sie den Untergrund fest, schichten Sie Sand darauf und passen Sie die unterste Schale genau ein. Dann kommt die nächsthöhere daran. Ihr Auslauf ragt einige Zentimeter über. Zum Schluss werden die Leitungen von der Pumpe bis zur Quelle verlegt und der Bachlauf und Rand mit Feldsteinen dekoriert.

Betonierte Bachläufe – die Dauerlösung

Am Hang sind Bachbetten aus Beton eine gute Lösung: Der Untergrund lässt sich aufrauen. Sie können Steine eingießen, an denen sich das Wasser brechen soll, Buchten, Bögen und Steilkanten anlegen.
Graben Sie den Bachlauf aus und verlegen Sie darin die Schalbretter. Dann wird die Bachschale ausgegossen (mit Moniereisen gegen Reißen im Frost sichern). Den weichen Beton können Sie mit der Kelle noch unregelmäßig ausformen (Gruben, Rillen, Staustufen) und/oder Steine eindrücken.

Expertentipp

Einen sicheren Untergrund für schmale Abschnitte bilden fertige U-Formsteine, die eingegraben und mit Beton ausgegossen werden.

Der Wiesenbach – ein Bachlauf aus Folie

Für ruhig fließende Wiesenbäche ohne größere Gefälle eignet sich Folie am besten.
Graben Sie den Bachlauf in gewünschter Form aus und glätten Sie den Boden. Legen Sie wie beim Folienteich (siehe Seite 36/37) eine Schutzschicht aus Sand und Vlies an und breiten Sie darüber die Folie. Die Folie im Bachlauf sollte am Rand mindestens 10–15 cm überstehen. Glätten Sie die Folie und achten Sie darauf, dass sie an keiner Stelle auf scharfkantigem Untergrund liegt oder große Falten wirft.
Lassen Sie nun einen kräftigen Strahl Leitungswasser aus dem Schlauch durch den Bach fließen und überprüfen Sie den reibungslosen Wasserfluss – noch sind Änderungen möglich.

Der Bach am Hang – Folie über Staustufen

Formen Sie den Bachgrund direkt in den Hang. Stampfen Sie eine Sandschicht ein und decken Sie alles mit Vlies und dann mit Folie ab. Sollte das Gelände steiler werden, müssen Sie Staustufen einbauen, sonst schießt das Wasser zu schnell »zu Tal«. Staustufen aus Betonformsteinen haben eine raue Oberfläche. Legen Sie hier zusätzlich einen Streifen Vlies auf, bevor Sie das durchgehende Vlies und die Folie auflegen.
Machen Sie jetzt einen Wasser-Probelauf. Platzieren Sie größere Steine in den Bach und beobachten Sie, ob sich das Wasser natürlich bricht. Vermeiden Sie allzu regelmäßige Anordnungen.
Wenn das Wasser gut läuft, decken Sie die Folie im Bachlauf mit Kieselsteinen ab. Legen Sie größere Steine als Hindernis und Dekoration dazwischen. Sand ist nicht geeignet, er würde abgespült werden.
Graben Sie nach Verlegen des Bachlaufes (das gilt auch für den Wiesenbach) die Schächte für die Zuleitungen und bauen Sie die Pumpe und Rohre ein. Ist alles angeschlossen, dann lassen Sie den Bach einen Tag lang laufen. Decken Sie den Folienrand mit größeren Steinen ab, die ihn auch gleichzeitig befestigen. Die Steinsetzungen sollten möglichst natürlich aussehen. Lassen Sie genügend Lücken für die Randbepflanzung – sie sollte sich über den Bachlauf neigen dürfen.

Expertentipp

Wählen Sie die sichtbaren Steine in einheitlichem Stil, damit der Bachlauf nicht zu unruhig wird!

Wasser auf kleinstem Raum

Flächenbedarf und Voraussetzungen

- **Sumpfbeet:**
  2–3 m² (besser größer), Sonne
  Teichfolie
- **Moorbeet:**
  1–2 m², Sonne
  Teichfolie oder Becken
  Torf
- **Mini-Bach und durchbohrter Stein:**
  1–2 m², Sonne bis Schatten
  Becken oder Teichfolie
  Pumpen-Set mit Düse(n)

Sie können durchaus die Vorzüge einer Wasserlandschaft genießen, ohne einen ausladenden Teich oder einen weitschweifigen Bach anlegen zu müssen.
Ich möchte jedem Gartenbesitzer, der zum Teich tendiert, sich aber noch nicht ganz sicher ist, Folgendes raten: Legen Sie sich zunächst ein Sumpfbeet an. Der Aufwand ist relativ gering. Es lässt sich wieder entfernen oder später in einen Teich integrieren. Vor allem jedoch können Sie die Vorzüge eines Wassergartens beinahe auf dem Trockenen genießen.
Sollten Sie dagegen eher für fließendes Wasser plädieren, dann empfehle ich einen plätschernden Brunnen. Damit holen Sie sich den akustischen Reiz des Wassers mit minimalem Aufwand in den Garten. Später könnte ein solcher Brunnen als Quelle für einen Bachlauf oder Zulauf für einen Teich dienen.

Ein blühender Sumpf im Garten – das Sumpfbeet

Soll das Sumpfbeet ausschließlich einige interessante Pflanzen der Sumpfzone aufnehmen, kommen Sie mit 2–3 m² Fläche aus; sollten Sie jedoch ein Sumpfbiotop mit kleinen Wassertümpeln für Amphibien planen, rechnen Sie besser mit rund 10 m².
Sumpfbeete brauchen einen sonnigen Standort, damit die Pflanzen optimal gedeihen. Ein Wasseranschluss in der Nähe erspart die Lauferei mit der Gießkanne.
Stecken Sie den Umriss mit einer Schnur auf dem Gartenboden ab. Am besten wirken leicht geschwungene Umrissformen – bei kleinen Beeten z. B. eine unregelmäßige Nierenform. Heben Sie eine 30–40 cm tiefe Grube mit schräg abfallenden Wänden aus (für ein Biotop an zwei bis drei Stellen etwa 50–60 cm). Entfernen Sie Wurzeln und spitze Steine, füllen Sie eine Sandschicht ein und verdichten Sie diese. Legen Sie die Grube mit Vlies und Teichfolie aus. Bei kleinen Anlagen können Sie auf die Kapillarsperre (siehe Seite 37) verzichten, bei größeren beugt sie dem Wasserverlust vor. Füllen Sie das Sumpfbecken mit Teichsubstrat, das an einigen Stellen zu kleinen Mulden vertieft wird. Hier sammeln sich Wasserpfützen, die Ihren Sumpf besonders natürlich erscheinen lassen. Als zusätzliche Dekoration dienen einige Feldsteine oder eine alte Wurzel.
Für die Bepflanzung kommen alle Pflanzen der Sumpfzone infrage.

Etwas für Spezialisten – das Moorbeet

Pflanzen, die im Moor wachsen, brauchen einen sauren Boden. Füllen Sie die mit Folie ausgekleidete Grube mit reinem Torf und bauen Sie eine Kapillarsperre ein. Beim Moorbeet ist es ganz wichtig, das Substrat stets feucht zu halten. Da das Leitungswasser in vielen Regionen zu kalkhaltig ist (neutralisiert die Bodensäure), darf aber nur mit Regenwasser gegossen werden. Erkundigen Sie sich vorher, welcher Fachbetrieb in Ihrer Region Moorpflanzen anbietet. Zu wirklichen Schätzen werden Moorbeete, in denen Insekten fressende Pflanzen, wie hier z. B. Sonnentau- oder Fettkrautarten, wachsen.

Fließgewässer auf kleinstem Raum

Für Fließgewässer auf kleinstem Raum brauchen Sie nur einen kleinen Fertigteich, eine Pumpe, Rohrleitung und Ausflussdüse. Hier wurde die Ausflussdüse in ein Bambusrohr montiert, um japanisches Flair zu erzeugen. Das Wasser kann aber auch aus alten Pumpenrohren, liegenden Krügen, Figuren, Keramikbecken, halbierten Holzstämmen, über einen flachen Naturstein oder mit unsichtbarer Düse zwischen Feldsteinen fließen.

Expertentipp

Die Größe des Teichbeckens muss der Pumpleistung angepasst sein, ansonsten sind Sie in der Gestaltung völlig frei.

Wasser, das aus Steinen fließt

Echte Mühlsteine als »Wassersprudler« sind Kostbarkeiten. Nach dem gleichen Prinzip funktionieren Natur- oder Kunststeine mit zentraler Öffnung in variablen Formen. Da der Förderweg für das Wasser sehr kurz ist, kommen Sie mit einer kleinen Pumpe aus. Sofern das System nicht ohnehin als Set verkauft wird, brauchen Sie ein Teichbecken, dessen Durchmesser etwas größer ist als der Stein. Legen Sie den durchbohrten Stein auf einen stabilen Sockel über das Becken. Die Pumpe steht im Becken oder in einer weiten Bohrung des Steins.

Die (fast) Unsichtbaren – Kleinkrebse

Diese durchscheinenden Winzlinge sind 1–2 mm groß (das Bild zeigt den Wasserfloh *Daphnia pulex*) und daher mit bloßem Auge gerade noch zu erkennen. Sie ernähren sich von tierischen und pflanzlichen Schwebteilchen im Wasser (Plankton). In den natürlichen Nahrungsketten spielen sie ihre Rolle als Nahrung für Klein- und Jungfische.
Gießen Sie eine Wasserprobe in eine flache Glasschale. Mit etwas Glück können Sie Ihren Kindern diese Kleinlebewesen zeigen (eine gute Lupe reicht; besser ist ein kleines Mikroskop).

Und sie fliegen doch – Wasserkäfer

Gelbrandkäfer (*Dytiscus marginalis*) werden bis 35 mm lang. Sie legen ihre Eier in Wasserpflanzen ab. Die Larven leben im Wasser. Die erwachsenen Käfer tauchen sehr gut, können aber auch fliegen. Sie ernähren sich von Insektenlarven, Kaulquappen und kleinen Jungfischen.
Die bis 7 mm großen Taumelkäfer (*Gyrinus substriatus,* siehe Bild) verraten sich durch ihre schnellen Bewegungen auf der Wasseroberfläche. Sie können aber auch sehr gut fliegen. Sie ernähren sich von auf die Wasseroberfläche gefallenen Insekten. Die Taumelkäfer kleben ihre Eier auf die Oberfläche von Wasserpflanzen.

Sie gehen auf dem Wasser – Wasserläufer

Die 1–2 cm großen Wasserläufer (*Gerris lacustris*) gehören zu den Wasserwanzen. Da sie sehr leicht sind und ihr Gewicht auf vier weit ausgebreitete Beine verteilen, können sie auf der gespannten Oberfläche des Wassers laufen. Mit den beiden vorderen Beinen fangen sie Insekten, die sich auf dem Wasser aufhalten. Sie legen ihre Eier unter Wasser an Pflanzen ab. Die Larven entwickeln sich nach einigen Häutungen zum erwachsenen Tier. Zu den Wasserwanzen gehört auch der Rückenschwimmer (*Notonecta glauca*), der sich allerdings eher in großen Naturteichen einstellt.

Glitzernde Schönheiten – Libellen

Libellen stellen sich regelmäßig an Gartenteichen ein, sobald sich das Pflanzenleben entwickelt. Es sind Räuber, die fliegende Insekten jagen. Libellen können ausgezeichnet fliegen. Sie schießen pfeilschnell umher und stehen dann wieder fast wie Hubschrauber in der Luft.
Wenn Sie die einzelnen Arten bestimmen möchten, sollten Sie zu einem Bestimmungsbuch greifen. Die hier abgebildete Blaugrüne Mosaikjungfer (*Aeshna cyanea*) gehört zu den Großlibellen. Sie wird 11 cm lang und legt ihre Eier an Land ab. Ihre Larven leben im Wasser.

»Wilde« Gäste stellen sich ein

Auf schleimiger Spur – Wasserschnecken

Schnecken erfüllen in der Ökologie eines Gartenteiches eine wichtige Funktion: Sie raspeln die Algenschichten ab. Allerdings reicht die Anzahl der Schnecken in einem Gartenteich nicht aus, um die Algen wirklich in Schach zu halten – dafür vermehren sich die Algen im Sommer einfach zu stark. Besonders günstig wirken sich die Posthornschnecken (*Planorbarius corneus*) aus (Bild, bis 3 cm groß). Sie überwintern am Teichgrund, vermehren sich aber nur unter günstigen Bedingungen.
Die vitaleren Schlammschnecken (*Lymnaea* sp.) machen sich leider auch über zarte Wasserpflanzen her.

Im Wasser und an Land – Molche

Mit Geduld und etwas Glück – und wenn der Teich nicht gerade in einer Innenstadt-Siedlung liegt – stellen sich Molche ein. Der Teichmolch (*Triturus vulgaris*) ist relativ häufig, der Kammmolch (*Triturus cristatus*, Bild) kommt seltener vor . Beide stellen sich zur Paarungszeit ein, dann kleben die Weibchen ihre Eier auf die Blätter von Wasserpflanzen. Die Larven bleiben bis zur vollständigen Entwicklung im Wasser, dann gehen sie bis zur Paarungszeit im nächsten Frühling an Land. Die prächtige Färbung tragen Molche nur während der Brautwerbung.

Quaken und Hüpfen – Frösche und Kröten

Alle Frösche und Kröten sind für die Ablage ihrer Eier (Laich) an Wasser gebunden. In Gartenteichen stellen sich der Grüne Wasserfrosch (*Rana esculenta*, Bild) und manchmal auch Erdkröten (*Bufo bufo*) ein. Während die Frösche auch als erwachsene Tiere im Wasser bleiben und sich im Winter in den Schlamm eingraben, sind Erdkröten Landtiere. Sie sind im Garten hochwillkommen, da sie neben Insekten auch Schnecken und Raupen verzehren. Mit einer »wilden«« Ecke, in der locker gelagerte Steine, Äste und Zweige aufgeschichtet werden, schaffen Sie ihnen einen guten Lebensraum.

Baden und Trinken – Vögel am und im Wasser

Vögel sind keine direkten Teichbewohner, sieht man von Enten ab, die sich vielleicht auf sehr großen Naturteichen einstellen. Allerdings nehmen die Singvögel des Gartens einen Teich sehr gerne an, um dort ihr Gefieder zu pflegen, zu trinken oder zwischen den Uferpflanzen nach Insekten zu suchen (im Bild ein badender Eichelhäher).
Legen Sie daher bei Naturteichen eine flache, mit Steinen ausgelegte Zone am Ufer an – hier können auch Tiere entkommen, die aus Versehen ins Wasser gefallen sind.

Die Arbeiten des Wassergärtners

Wenn im Frühjahr Schwertlilien und Sumpfdotterblumen die Teichränder und Bachläufe zieren, im Sommer auf der Wasserfläche traumhaft schönen Seerosen erblühen oder im Herbst der Blutweiderich sich mit zahlreichen rotvioletten Blütenkerzen schmückt, dann geht dem Wassergärtner das Herz auf. All diese Pracht entsteht aber nicht von ungefähr. Hier bedarf es eines wachsamen Auges und sorgfältiger (gelegentlich schweißtreibender) Pflege.

Auch wenn sich Wasserpflanzen auf den ersten Blick kaum von den »normalen« Gartenpflanzen unterscheiden, werden sie anders gepflanzt, brauchen eine spezielle bzw. gar keine Düngung, im Einzelfall besonderen Winterschutz und sind anfällig gegenüber anderen Schädlingen. Der größte Unterschied zwischen Wasser- und Landpflanzen ist allerdings das Substrat, in dem sie wachsen. Während sich Erdboden nur langsam verändert, kann sich die Qualität von Teichwasser relativ schnell und durchgreifend verschlechtern. Pflege der Pflanzen am und im Teich bedeutet daher immer auch Pflege des Wassers.

Im oder unter Wasser oder am Gewässerrand?

Bei der Bepflanzung eines Teiches oder Bachrandes stehen Ihnen für die verschiedenen Tiefenzonen ganz spezielle Pflanzen zur Verfügung. Das tiefe Wasser ist auch ein gutes Beispiel für die ökologischen Zwänge, denen sich ein Wassergärtner beugen muss. Unterwasserpflanzen können zwar nicht mit attraktiven Blüten »punkten«, sind aber unbedingt nötig, um das Wasser mit Sauerstoff anzureichern – verzichtet man darauf, muss für mechanischen Ausgleich gesorgt werden.

Um den verschiedenen Standortansprüchen gerecht zu werden, enthalten die Info-Schilder der Teichpflanzen die Angabe, in welcher Tiefe sie gedeihen (siehe auch Pflanzenporträts). Wer sich genau an diese Vorgaben hält, spart sich später viel Ärger.

Häufig wird auch der Fehler gemacht, Garten- statt Teicherde als Pflanzsubstrat zu verwenden. Von dem Dünger in der Gartenerde profitieren aber vor allem Algen und Mikroorganismen, die Ihren Teich in eine grüne Suppe verwandeln können.

Sie sehen also, auch wenn Sie ein versierter (Land)Gärtner sind, als Wassergärtner gibt's noch einiges zu lernen!

Wassergärten wollen gut gepflegt sein

Zur Pflege eines Wassergartens gehört nicht nur das richtige Einsetzen der Pflanzen und ihre Pflege (siehe Seite 48–57), sondern auch das regelmäßige Prüfen der Wasserqualität (siehe Seite 66/67) und das Warten der erforderlichen Teichtechnik (siehe Seite 64/65). Und eingesetzte Fische müssen gefüttert und auf eventuelle Schäden begutachtet werden (siehe Seite 60/61).

Gut geplant und gut gepflegt: die Bepflanzung

Die Pflegearbeiten an Teichen und Bächen beginnen mit dem richtigen Einsetzen der Wasserpflanzen. Während Sie bei der Bepflanzung eines guten Gartenbodens mit einem minimalen Aufwand (Erde ist vorhanden, Pflanzgeräte schnell zur Hand) auskommen, erfordert die Bepflanzung von Teichen eine gewisse Planung.

- Nur in den seltensten Fällen wird man die Pflanzen des Tief-, Mittel- und Flachwassers einfach in Bodensubstrat pflanzen: Viele von ihnen breiten sich dann unkontrolliert aus oder wuchern. Exotische Seerosen brauchen ein spezielles Substrat und müssen über Winter ins Haus gebracht werden. Pflegemaßnahmen sind leichter zu erledigen, wenn die Pflanzen in Körben sitzen.
- Sie brauchen spezielle, nährstoffarme Teicherde oder müssen sie selbst aus Lehm und Sand im Verhältnis 1:3 anmischen.
- Sorgen Sie für ausreichend Körbe, Pflanztaschen und Vlies als Unterlage.
- Wenn Sie Teichboden und/oder Tiefenstufen dennoch direkt bepflanzen möchten, wäre eine geschlossene Lage aus Teicherde zu nährstoffreich. Mischen Sie Sand und feinen Kies und füllen Sie Teicherde nur dort ein, wo tatsächlich Pflanzen wachsen.
- Später fallen die üblichen Pflegemaßnahmen an, wie Verblühtes abschneiden, Teilen, Zurückschneiden, Winterschutz oder Schädlingsbefall bzw. Krankheiten kontrollieren (siehe Seite 56/57 und Seite 72/73).
- Bachläufe sind in Bezug auf ihre Bepflanzung weniger pflegebedürftig, da im eigentlichen Bach nur wenige Pflanzen wachsen. Für die ruhigen Randzonen gelten dieselben Maßnahmen wie für die Sumpfzone eines Teiches (siehe Seite 54/55).

Was ist eigentlich Wasserhärte?

Der Härtegrad des Wassers wird durch den Gehalt an Kalzium- und Magnesiumsalzen bestimmt. Magnesium und Kalzium gehen mit der Kohlensäure aus dem gelösten Kohlendioxid der Luft eine Bindung zu Karbonatsalzen ein. Ihre Konzentration wird als Karbonathärte bezeichnet. Zusammen mit Schwefelsalzen errechnet sich daraus die Gesamthärte des Wassers. Als Maßeinheit gelten die deutschen Härtegrade (°dH).
»Weiches« Wasser (z. B. Regenwasser) hat eine Gesamthärte von 4–8 °dH, »hartes« Wasser (kalkreiches Leitungswasser) liegt bei über 18 °dH.
Die Idealwerte eines Teiches liegen bei etwa 9–17 °dH.

Wasserqualität prüfen und Technik warten

Zur Pflege einer Wasseranlage gehört neben der Sorge um die Pflanzen zusätzlich die Kontrolle der Wasserqualität und die Wartung der Technik. Die Pflege des Wassers richtet sich nach Größe und Art des Teiches und seinem Alter. Bei Bachläufen müssen Pumpe, Leitungen und Filter häufiger gewartet werden.

Der neu angelegte Teich und seine »Wartung«

Häufig entscheidet sich bereits im ersten Jahr, ob man zum begeisterten Teichgärtner wird oder nicht. Wenn das Wasser eingefüllt und die Pflanzen eingesetzt wurden, ist der Teich keineswegs eine große Freude: Das Wasser ist trüb, der Bewuchs spärlich, an einigen Stellen ist auch noch Folie zu sehen. Im Laufe der Zeit setzen sich mechanische Schwebeteilchen und Schwebalgen, die das Wasser noch trüben, jedoch auf dem Boden ab, und das Wasser wird klar.

- Fast zwangsläufig stellen sich in neuen Teichen Schwebalgen ein, deren Verbreitungseinheiten vom Wind angeweht werden. Wer jetzt verzweifelt und versucht, das Wasser auszutauschen, macht einen schwerwiegenden Fehler. Warten Sie ab! Es dauert einige Zeit, bis sich das Gleichge-

Nur in einem gepflegten und nicht zu dicht bepflanzten Teich kommen Accessoires wie diese Plastiken, Schwimmkugeln und die Beleuchtung optimal zur Geltung.

wicht im Teich einstellt. Messen Sie pH-Wert (siehe Seite 66) und Wasserhärte und stellen Sie den pH-Wert ggf. auf Werte unter 6,9 ein (z. B. durch ein Torfsäckchen aus dem Fachhandel). Haben Sie den Teich mit Wasser aus der Leitung gefüllt, könnte die Wasserhärte zu hoch sein (siehe Kasten links). Den Härtegrad Ihres Leitungswassers erfahren Sie bei Ihrem Wasserwerk. Durch Zugabe von Regenwasser oder einem chemischen Enthärtungsmittel (nur für kleine Teiche!) können Sie die Härte senken.

- Wenn die Temperaturen steigen, vermehren sich die auf der Oberfläche schwimmenden Wasserlinsen und Fadenalgen oftmals stark. Beides ein Anzeichen für einen relativ hohen Nährstoffgehalt des Wassers. Entfernen Sie die Wasserlinsen mit einem feinen Kescher, die fädigen Algen mit einem Rechen.

Der Teich hat sich etabliert

Ab dem zweiten Jahr sollten »katastrophale« Ereignisse seltener auftreten.

- Kontrollieren Sie im Frühling und Sommer pH-Wert, Wasserhärte und Nitratgehalt (siehe Seite 28).
- Entfernen Sie weiterhin Fadenalgen und Wasserlinsen.
- Achten Sie darauf, dass auch die Unterwasser- und Schwimmblattpflanzen nicht überhand nehmen.
- Sofern das nicht bereits bei der Anlage des Teiches geschehen ist, sollten Sie in großen Sumpfzonen einige Trittsteine verlegen und den freien Uferbereich für die Wasserpflege durch Platten oder ein Holzdeck trittsicher machen.
- Wenn Sie Fische einsetzen möchten, ist das zweite Jahr der beste Zeitpunkt: Ihr Teich hat seine Kinderkrankheiten überwunden, die Fische finden bereits ein einigermaßen stabiles Biotop vor.
- Spannen Sie im Herbst ein Blätternetz auf (eine jährliche Arbeit) oder fangen Sie Blätter mit einem Kescher von der Oberfläche ab.
- Organisches Material, das auf den Boden des Teiches absinkt, bildet mit der Zeit eine Schlammschicht. Entfernen Sie diese von Zeit zu Zeit. In kleinen Teichen lässt sich der Schlamm mit einem stabilen Kescher oder einem Schlammsauger vom Ufer aus entfernen; größere Teiche müssen mit Watstiefeln begangen und gesäubert werden.

So setzen Sie Tiefwasserpflanzen ein

Das benötigen Sie

- Gitterkörbe, Teichvlies, Teicherde, Sand und Kieselsteine
- Wassereimer, Pflanzschaufel, Gartenschere, Schere, nicht rostender Draht
- Besenstiel oder Rechen mit Schnur oder Drähten (»Galgen«)

Diese Zeit brauchen Sie

ca. 20–30 Minuten je Korb

Der richtige Zeitpunkt

April–Mai, während der Teich mit Wasser befüllt wird

Pflanzen für die Tiefwasserzone, wie z. B. Seerosen, werden am besten in handelsübliche Teichkörbe (Gitterkörbe) gesetzt. Die Körbe grenzen das wuchsfreudige Rhizom ein, das sich sonst sehr schnell über den ganzen Teichuntergrund ausbreiten würde. Außerdem ist es später relativ leicht möglich, die Körbe zu entnehmen, um die Pflanzen auszuputzen oder zu teilen. Nicht winterharte Seerosen können im Korb aus dem Wasser genommen und im Haus überwintert werden. In großen Naturteichen (über 15–20 m²) bietet es sich allerdings eher an, die Tiefwasserpflanzen direkt in ein Bodensubstrat zu setzen, damit sie sich frei ausbreiten können. Hier wären Körbe für die Ausbildung eines biologischen Gleichgewichts sogar hinderlich.
Wenn Sie die Bepflanzung bei erst halb vollem Teich vornehmen, lassen sich die Körbe besser manipulieren.

1. Pflanzkörbe auswählen und vorbereiten

Erkundigen Sie sich beim Kauf der Pflanzen für die Tiefwasserzone nach der benötigten Korbgröße. Kaufen Sie im Zweifelsfalle lieber einen etwas zu großen Korb, damit sich die Pflanze später gut etablieren kann.
Sehr feinmaschige Körbe kommen ohne Vlies aus, bei den Gitterkörben mit groben Maschen muss ein Teichvlies eingelegt werden, damit die Erde nicht ausgespült wird. Breiten Sie auf den Boden des Korbes eine 3–4 cm dicke Schicht Kieselsteine als Beschwerung aus und legen Sie den Korb mit Vlies aus.

2. Nicht vergessen: Der Pflanzkorb kommt an den Haken!

Bevor Sie nun etwas Teicherde bzw. Seerosensubstrat einfüllen, sollten Sie sich aus nicht rostendem Draht zwei breite, starre Bügel zurechtbiegen, die Sie am Rand des Pflanzkorbes befestigen (oben verbinden, wegen der Stabilität!). Hier haken Sie beim Einsetzen bzw. später beim Herausnehmen Ihre »Angel« an. Alternativ bieten sich Schnüre aus Kokosfasern an, die an den vier Ecken befestigt werden. Sie lassen sich allerdings beim Herausnehmen nicht ganz so leicht »einfangen«.

3. Ein Korb – eine Pflanze

Setzen Sie pro Korb immer nur eine Pflanze ein. Schneiden Sie vorsichtig eventuell verfaulte, zerdrückte oder beschädigte Wurzeln und Stängel ab und setzen Sie die Pflanze auf die Substratschicht. Füllen Sie mit Teicherde/Seerosensubstrat auf und gießen Sie reichlich mit Teichwasser, um die Erde einzuschlämmen und gleichzeitig das Substrat gründlich durchzufeuchten.
Füllen Sie die Erde bis kurz unter den Rand des Gitterkorbes ein. Vorsichtig mit der Faust festdrücken.

4. So wird der Pflanzkorb fertig gestellt

Schneiden Sie das Vlies am Rand bis auf etwa eine Handbreit ab und schlagen Sie es locker nach innen. Decken Sie das Substrat nun mit einer Schicht Sand, dann mit Kieselsteinen ab. Sand und Vlies halten die Teicherde im Korb zurück, die Kiesel dienen zusätzlich als Beschwerung. Stellen Sie den bepflanzten Korb ins Flachwasser bis keine Luftblasen mehr aufsteigen.

Expertentipp

Schneiden Sie das Vlies an den Ecken bis zum Korbrand ein, dann lässt es sich besser nach innen einschlagen.

5. Ab ins tiefe Wasser

Haken Sie die Bügel des Pflanzkorbes nun in Ihre »Angel« (ein Rechen tut’s auch) ein und lassen Sie den Korb langsam und vorsichtig an seinen Platz ins Wasser sinken. Prüfen Sie an Land, ob der Korb auch fest sitzt. Ein nachlässig befestigter Korb kann ins Wasser fallen – dann müssen Sie ihn herausfischen und neu bepflanzen.
Bei kleineren Teichen und warmem Wetter (sicherheitshalber) können Sie auch eine Aluminiumleiter quer über den Teich legen, sich bäuchlings darauflegen und den Korb mit den Armen auf den Grund versenken.

Tiefenstufen und Rand bepflanzen

Einige der Pflanzen, die im Mittel- bis Flachwasser wachsen, neigen sehr stark zum Wuchern – beispielsweise viele Röhrichtpflanzen.
Um den Bewuchs eines kleinen Teiches unter Kontrolle zu halten, empfehle ich daher, auch auf den Tiefenstufen Pflanzkörbe einzusetzen: Empfindliche Stauden können zum Winter entnommen werden; eventuell mit Nachbarn verflochtene Wurzeln lassen sich durchtrennen. Auch das Umsetzen oder der Austausch einer Staude ist (relativ) problemlos möglich.
In größeren Teichen können Sie die Pflanzen direkt ins Substrat auf den Tiefenstufen pflanzen. Auch Fertigteiche mit eingearbeiteten Pflanzflächen (Wall zum tieferen Wasser) können direkt bepflanzt werden.

Das benötigen Sie

- Böschungsmatten für die Randbepflanzung (dazu Heringe, Gummihammer), Gitterkörbe, Softkörbe, Teichvlies, flacher Stein
- Teicherde, Sand und Kieselsteine
- Wassereimer, Pflanzschaufel, Gartenschere, Schere, ggf. Bindedraht oder Schnur

Diese Zeit brauchen Sie

ca. 10–20 Minuten je Pflanze (Böschungsmatten dauern etwas länger)

Der richtige Zeitpunkt

April–Mai, während der Teich mit Wasser befüllt wird

Unterwasserpflanzen – gut verankert

Unterwasserpflanzen brauchen eigentlich gar nicht »gepflanzt« zu werden: Man legt sie einfach ins Wasser und wartet ab.
Günstiger ist es allerdings, sie an einen flachen Stein zu binden und absinken zu lassen. Diese Methode funktioniert sowohl im Mittel- wie im Tiefwasser.
Bei Teichen mit Bodensubstrat lassen sich auf diese Weise auch nachträglich noch Wasserpflanzen gezielt an bestimmte Stellen platzieren.

Expertentipp

Für wüchsigere Stauden nimmt man besser Rasengittersteine oder Ziegelsteine mit Öffnungen. Sie sind schwer, und die Pflanze lässt sich besser daran befestigen.

So stürzen Pflanzen am Teichrand nicht ab

Böschungsmatten aus Naturfasern (Sisal, Jute) mit oder ohne Pflanztaschen werden immer dann gebraucht, wenn der Hang zwischen zwei Tiefenstufen zu steil ist, um Substrat oder einen Pflanzkorb aufzunehmen. Im tieferen Wasser verdecken sie bald die Teichfolie, da sich zwischen ihren Poren relativ schnell Schwebstoffe ansammeln. Außerdem sind sie bestens geeignet, um einen steileren Uferbereich zu bepflanzen.
Beschweren Sie die Böschungsmatte im tieferen Wasser mit größeren Steinen (siehe Bild), damit sie vorerst nicht aufschwimmen kann. Am Ufer wird die Matte mit Heringen aus Hartplastik im Boden des Teichrandes verankert.

In die Tasche gesteckt – Pflanzen an der Teichböschung

Setzen Sie die Pflanzen, die ins tiefere Wasser kommen, entweder in Pflanztaschen oder schieben Sie die Wurzeln einfach vorsichtig zwischen die Lücken der Fasern. Sie verankern sich nach einiger Zeit von selbst. Beschweren Sie die Pflanztaschen, die direkt am Teichrand hängen, mit einigen Steinen, damit sie nicht auftreiben, solange die Pflanze noch klein ist. In locker eingestreuten Lavasteinen können sich die Wurzeln besser verankern.
Sie können die Staude etwas fixieren, indem Sie den Rand der Pflanztasche mit Drahthaken oder Schnur zusammenziehen.
Eine zusätzliche Versorgung mit Teicherde ist nicht erforderlich.

Stufen bepflanzen – gut kaschiert in »weichen« Körben

Stufen können Sie nur dann direkt bepflanzen, wenn Sie beim Folienteich einen Wall angelegt haben, der ein Ausschwemmen der Erde verhindert, oder das Teichbecken vorgeformte Pflanzstufen hat. Wenn nicht, müssen Sie Pflanzgefäße oder Pflanztaschen einsetzen. Eine gute Alternative für den Flachwasserbereich, wo die starren Formen eines Gitterkorbes störend wirken, sind die so genannten Softkörbe. Sie bestehen aus flexiblem, fein gelochtem Plastik (Vlies ist nicht erforderlich) und werden wie Gitterkörbe bepflanzt (siehe Seite 48/49). Zum Abschluss zieht man sie oben zu.
Da sie weich sind, schmiegen sie sich dem Untergrund gut an und fallen kaum auf. Das Gleiche gilt für »Körbe« aus Kokosgewebe.

So können Sie unschöne Teichränder kaschieren

Wo das Teichufer direkt an das tiefe Wasser grenzt, darf die Bepflanzung nicht zu dicht und üppig sein. Hier entnehmen Sie ja Wasserproben oder führen wichtige Wartungsarbeiten aus. Sofern dieser Bereich nicht gänzlich pflanzenfrei gelassen wird (Bohlen, Deck, Steinplatten) oder der Teichrand mit praktischer und unauffälliger Steinfolie bedeckt ist, bieten sich kriechende Pflanzen (im Bild Pfennigkraut *Lysimachia nummularia*) als natürlich wirkende Lösung an. Ihre Ausläufer wuchern über den Rand und kaschieren ihn.

Expertentipp

Um den Rand zu kaschieren, können Sie jeden Bodendecker nehmen – es muss nicht unbedingt eine Teichpflanze sein.

Der schönste Bereich – die Sumpfzone

Das benötigen Sie

- Sand, Lehm, Torf, Mischbottich, Schaufel, Pflanzschaufel, Gartenschere, Gießkanne, Steine zur Dekoration bzw. als Barriere, Wurzelsperre/-barriere, Kunststofftopf mit Löchern oder Teichkorb mit feinen Poren

Diese Zeit brauchen Sie

Pflanzzeit je Staude 15–20 Minuten (mit Barriere/Sperre 5–10 Minuten länger)

Der richtige Zeitpunkt

April–Mai, während der Teich mit Wasser befüllt wird

In der Sumpfzone wachsen derart schöne Pflanzen, dass sie eigentlich immer zu klein gerät. Sollten Sie zu bescheiden geplant haben, denken Sie ruhig über eine Vergrößerung Ihrer Sumpfzone nach.
Charakteristisch für die Pflanzen dieser Zone ist der dauerhaft feuchte Boden mit hohem Wasserstand. Das erreichen Sie, wenn eine Verbindung zwischen Teichwasser und Sumpf besteht. Andernfalls muss das Substrat wie in einem isolierten Sumpfgarten gesondert gegossen werden. Selbst in guten Gartencentern ist das Angebot für Sumpfpflanzen zwangsläufig begrenzt – es gibt einfach relativ wenige Stauden, die mit den »Füßen« im Feuchten stehen mögen.
Allerdings liegt in dieser Überschaubarkeit auch der Reiz für Wassergärtner.

Der »übliche Weg« – Vorbereitung und Einpflanzen

Als ständig durchfeuchteter Bereich nimmt die Sumpfzone eine Zwischenstellung zwischen dem Wasser- und dem Landgarten ein. Sollte der Boden Ihrer Sumpfzone nicht durch einen Schutzwall zum Wasser hin abgesperrt sein, können Sie mit einer Barriere aus Feldsteinen verhindern, dass zu viel nährstoffreiches Substrat in den Teich gespült wird.
Mischen Sie als Substrat zwei Teile Sand mit je einem Teil Lehm und Torf in einem Bottich an. Ideal sind die großen Mischbottiche, die von Maurern benutzt werden. Feuchten Sie dann das Substrat gut an. Verteilen Sie das Gemisch in der Sumpfzone – wenn nötig in mehreren Etappen. Warten Sie mit dem Bepflanzen mindestens einen Tag ab. So kann sich ein Gleichgewicht zwischen Teichwasser und Sumpfzone einstellen. Da das Sumpfsubstrat wie ein Schwamm wirkt, sinkt der Wasserspiegel kleiner Teiche möglicherweise ab und muss aufgefüllt werden.
Tauchen Sie die Sumpfpflanzen vor dem Einpflanzen so lange unter Wasser, bis der Wurzelballen vollständig nass ist, also keine Luftblasen mehr aufsteigen.
Graben Sie mit einer Handschaufel (Pflanzschaufel) ein passendes Loch, breiten Sie die Wurzeln aus und füllen Sie das Pflanzloch wieder auf. Pflanzen, die stark wuchern, benötigen eine Wurzelsperre oder -barriere (siehe Seite 53)!

Bis hierher und nicht weiter – Wurzelsperre

Stark wuchernde Pflanzen, dazu gehört z. B. der Bambus, werden direkt ins Substrat gesetzt (siehe Seite 52). Dämmen Sie ihre Ausbreitung aber durch eine Wurzelsperre ein. Wurzelsperren bestehen üblicherweise aus starkem Plastikband, das beim Einpflanzen ringförmig um die Staude in den Boden eingesteckt wird.

Expertentipp

Noch besser ist es, Bereiche mit wuchernden Stauden bereits beim Bau des Folienteiches durch Wälle von der übrigen Sumpfzone abzutrennen.

Für besondere Pflanzen – der Einzeltopf

Bei manchen Pflanzen ist es durchaus sinnvoll, sie gesondert in einen Kunststofftopf oder Teichkorb zu pflanzen. Das gilt beispielsweise für schwachwüchsige Stauden, deren Wurzelraum auf diese Weise ungestört bleibt. Auch im umgekehrten Fall – Staude mit stark kriechendem Rhizom – erleichtert eine mechanische Einschränkung die Pflege und schützt die Nachbarpflanzen. Schließlich gibt es noch den Fall der unterschiedlichen Ansprüche: In einen Topf gepflanzt, kann der pH-Wert des Pflanzsubstrats gezielt eingestellt werden.

Fast wie im normalen Garten – Randbepflanzung

Teichrandpflanzen werden wie normale Gartenstauden eingesetzt: Loch ausheben, Boden und Ränder auflockern, gut angefeuchtete Staude hineinsetzen, Erde auffüllen und kräftig angießen.
Achten Sie auf einen gewissen Abstand zur Folie, damit sie nicht aus Versehen beschädigt wird. Während es bei Stauden nur selten Probleme gibt, sollten Sie bei Gehölzen unbedingt die Endbreite berücksichtigen. Halten Sie etwa den Abstand der halben Wuchsbreite von der Folie ein, damit die Zweige nicht zu weit übers Wasser reichen.

Teichlandschaft en miniature

Das benötigen Sie

- Kübel (wasserdicht oder mit wasserdichtem Einsatz), Gitterkörbe, Teichvlies, Teicherde oder Sand : Lehm (3:1), Kieselsteine (»Betonkies«), Pflanzschaufel, Gartenschere, Regenwasser aus der Tonne

Diese Zeit brauchen Sie

abhängig von Gefäßgröße und Zahl der eingesetzten Pflanzen, mindestens jedoch 30 Minuten

Der richtige Zeitpunkt

April–Mai

Wer keinen Platz für einen Teich im Garten hat, der muss auf eine Wasserlandschaft nicht unbedingt verzichten: Teichpflanzen lassen sich ohne größere Probleme auch in Kübel pflanzen. Hierzu müssen jedoch zwei Voraussetzungen gegeben sein: Wassertiefe und Standort müssen stimmen.
Da der Teich als Rahmen fehlt, kommt dem Gefäß eine große Bedeutung zu – immerhin wird es genauso zum Blickpunkt wie die darin wachsenden Pflanzen. Solange Sie einen wasserdichten Einsatz verwenden, eignen sich in der Tat alle nur denkbaren Gefäße als »Teich«.
Für tropische Pflanzen sind Mini-Teiche ohnehin die bessere Alternative, da die Pflanzen hierin viel besser vor den Unbilden des Wetters geschützt werden können und sich auch viel einfacher ins Winterquartier transportieren lassen.

1. Das gilt für alle Gefäße – die Pflanzung vorbereiten

Halten Sie die gekauften Stauden während der Vorbereitung der Pflanzgefäße gut feucht. Reinigen Sie zunächst das Gefäß bzw. den Einsatz gründlich, denn an der Wand setzen sich leicht Bakterien und Krankheitskeime fest.
Wenn Sie das Gefäß bepflanzen, sollten direkt eingesetzte Pflanzen in etwa der gleichen Tiefenzone wachsen. Sie können das Bodenniveau aber auch mit Ziegelsteinen entsprechend »anheben«.
Füllen Sie zuerst eine Lage Kieselsteine und dann eine Schicht Teicherde ein. Denken Sie daran, dass Seerosen ein spezielles Substrat benötigen.

2. Erst den Standort auswählen – dann Wasser einfüllen!

Setzen Sie nun den Wurzelballen bzw. das Rhizom der Seerose ein und füllen Sie mit Teicherde/Seerosensubstrat auf. Drücken Sie die Oberfläche fest und schichten Sie Kies darüber. Stellen Sie einen Teller auf den Kies und lassen Sie das Wasser über diesen Teller einlaufen, damit Kies und Substrat nicht weggeschwemmt werden. Ein Liter Wasser wiegt 1 kg! Schon ein mittelgroßer Behälter kann leicht einen Zentner wiegen! Füllen Sie also erst Wasser ein, wenn der richtige Standort für den Mini-Teich genau feststeht!

So gestalten Sie eine kleine Wasserlandschaft

Für eine abwechslungsreiche Bepflanzung benötigen Sie unterschiedliche Wassertiefen. Diese erreichen Sie entweder, wenn Sie die einzelnen Gitterkörbe auf verschieden hohe Ziegelsteine stellen, oder wenn Sie ein Tiefenprofil aus Kieselsteinen formen (siehe Bild). Für diesen Fall gibt es auch einen speziell für den Kübel angefertigten Inneneinsatz, da sich der Kies ja sonst verschieben könnte.

Expertentipp

Mit einer Schwimmpflanze (z. B. Muschelblume oder Schwimmfarn) komplettiert, wirkt der Wassergarten noch schöner.

Tropen auf der Terrasse – Seerosen

In einem üblichen Gartenteich wäre die Pflege tropischer und subtropischer Seerosen mit viel Aufwand verbunden. Im Teich auf der Terrasse geht das viel einfacher. Und eine ganze Reihe von Zwergseerosen braucht keine große Wassertiefe (im Fachgeschäft nachfragen!). Vielleicht haben Sie ja sogar das passende Gefäß für tropisches Flair? Pflanzen Sie die Seerose in einen Gitterkorb (siehe Seite 48/49), stellen Sie diesen dann in Ihren Behälter und füllen Sie mit weichem Wasser auf.
Wenn Sie vorher schon Regenwasser sammeln, dann haben Sie das beste Wasser für Ihre tropische Seerose.

Robust, dankbar und schön – Schwertlilien

Schwertlilien gehören zu den dankbarsten Stauden für den Mini-Wassergarten. Ihre großen, wohlgeformten und oft auch gemusterten Blüten zeigen sich erst aus der Nähe in voller Schönheit. Geeignet sind alle Arten für das Flachwasser (z. B. *Iris laevigata, I. pseudacorus, I. versicolor* und ihre Sorten). Beschweren Sie wieder einen Gitterkorb, geben Sie magere Teicherde dazu und legen Sie das Rhizom flach aus; mit Erde bedecken und mit Kies abdecken. Schwertlilien vertragen auch die Wassertropfen eines Wasserspiels.

Teichpflanzen pflegen und vermehren

Grundsätzlich fallen im Wassergarten dieselben Pflegemaßnahmen wie im »Landgarten« an, wegen des nassen Elements müssen Sie allerdings mit etwas anderer Ausrüstung an den Start gehen – und bei wärmerem Wetter (falls Sie doch einmal ins kühle Nass abrutschen sollten).
Da sich wuchernde Pflanzen bei guten Bedingungen sehr stark ausbreiten, gilt den kriechenden und Rhizompflanzen besondere Aufmerksamkeit.
Zurückschneiden, Teilen und Ausputzen macht im Teich spürbar weniger Arbeit, wenn die Stauden in Körben wachsen, die zur Bearbeitung einfach entnommen und anschließend zurückgestellt werden.

Das benötigen Sie

- Pflanzschaufel, Spaten und Grabgabel, Gartenmesser, Gartenschere, Teichschere mit Teleskopgriff, Aktivkohle, Teichsubstrat (für Seerosen mit Spezialdünger oder Hornspänen), Besenstiel oder Rechen mit Haken aus Draht als »Angel«

Diese Zeit brauchen Sie

bei Stauden, deren Ausläufer oder Wurzeln stark verfilzt sind, 30–40 Minuten; Teilen einer Seerose ca. 30 Minuten

Der richtige Zeitpunkt

Ausputzen und wuchernde Ausläufer entfernen nach Bedarf (auch im Sommer!)
Teilen im Frühling oder Herbst

Damit nicht alles zuwuchert – Ausschneiden und Ausputzen

Viele Pflanzen des flachen Wassers neigen zum Wuchern. Lässt man die Stauden gewähren, wuchern sie rasch ganze Zonen des Teiches zu. Wenn Sie solche Pflanzen regelmäßig entfernen, entziehen Sie Biomasse, was sich wiederum günstig auf den Nährstoffgehalt des Wassers auswirkt und die Gefahr der Verschlammung reduziert.
Greifen Sie vom Ufer aus zu und entfernen Sie stark wuchernde Pflanzen, aber auch abgestorbene und überschüssige Triebe.
Helfen Sie mit einer Schere oder einem Gartenmesser nach, sonst könnte es passieren, dass Sie zu viel Schaden im verfilzten Wurzelwerk anrichten oder beim Ausreißen sogar die Teichfolie beschädigen.

Einfacher zu pflegen – Pflanzen in Körben

In kleinen Teichen mit klarem Wasser können Sie oftmals wuchernde Wurzeln, Rhizome und/oder Unterwasserblätter, aber auch Uferrandpflanzen mit einer Teleskopschere vom Ufer aus abschneiden.
Stehen die Stauden des flachen und mitteltiefen Wassers in Gitterkörben, lassen sich alle Pflegemaßnahmen meist einfacher durchführen:
Sie packen den Korb mit einer »Angel« an seinen Bügeln (siehe Seite 49) und heben ihn aus dem Wasser. Hat sich das Wurzelwerk allerdings schon stark ausgebreitet, bleibt Ihnen nichts übrig, als ins Wasser zu steigen und die Verfilzungen mit einer Schere durchzutrennen.

Schilf und Röhricht schneiden – aber nicht alles auf einmal

Schilf und Röhricht gehören zu den Pflanzen des Wassergartens, die sich über Ausläufer stark verbreiten. Andererseits bilden ihre hohlen Stängel Winterquartiere für manche Insekten und helfen dabei, den Teichrand eisfrei zu halten.
Lichten Sie daher im Sommer nur einen Teil der Pflanzen aus, der Rest bleibt den Winter über stehen. Schneiden Sie dann im zeitigen Frühjahr vorsichtig die alten Überwassertriebe ab.

Expertentipp

Durchtrennen Sie Röhrichtpflanzen immer oberhalb des Wasserspiegels, sonst dringt Wasser ein, und die Staude könnte faulen.

So bleiben Seerosen und Iris kräftig und blühen besser

Wenn Sie Rhizompflanzen alle paar Jahre teilen, dann breiten sie sich zum einen nicht so stark aus, zum andern wird die Einzelpflanze kräftiger und blüht besser.
Heben Sie den Pflanzkorb mit der »Angel« aus dem Wasser. Haben sich die Rhizome und ihre Wurzeln schon zu stark ausgebreitet, müssen Sie die Verbindungen vorher mit einer Schere durchtrennen.
Teilen Sie das Rhizom mit einem scharfen, sauberen Messer – am besten klappt das mit kurzen Seitenästen. Stäuben Sie zum Schutz vor Infektionen die Schnittflächen mit Aktivkohle ein, und setzen Sie die Rhizomstücke einzeln in mit neuem Substrat gefüllte Pflanzkörbe. Mischen Sie Seerosendünger oder Hornspäne bei.

Stauden in der Randzone – leicht vermehrt durch Teilung

Stauden im Bereich der Sumpfzone, im Uferrandbereich oder der Teichumgebung, die zu groß oder unschön geworden sind, werden am besten durch Teilung »verjüngt«.
Graben Sie den Wurzelballen aus und zerteilen Sie ihn mit dem Spaten oder einem Gartenmesser.
Entfernen Sie verholzte, beschädigte oder unschöne Teile und setzen Sie nur intakte Stücke mit Wurzeln und anhaftenden Stängeln wieder ein.
In der Sumpfzone können sich die Wurzeln benachbarter Stauden durchdringen. Hebeln Sie die Staude hier vorsichtig mit einer Grabgabel hoch und trennen Sie die Wurzelverbindungen mit einer Schere. Jetzt können Sie den Ballen vollständig ausgraben und teilen.

Fische einsetzen und pflegen

Das benötigen Sie

- Wassereimer mit festem Verschluss
- Kescher
- Fischfutter nach Angaben des Fachhändlers
- ggf. Futterring
- Wasserfilter
- Oxidator oder Sprudelpumpe
- Eisfreihalter oder Teichheizung

In einem großen Naturteich (15–20 m^2 Wasserfläche und mehr) stellt sich nach einigen Jahren gewöhnlich ein relativ stabiles biologisches Gleichgewicht ein (siehe Seite 28). Sofern die Voraussetzungen gegeben sind, vermehren sich die eingesetzten Fische in so einem Teich entsprechend dem Nahrungsangebot. Sie halten Pflanzenwuchs und Insekten unter Kontrolle, während die Fischbrut von Fleisch fressenden Fischen und Insekten vertilgt wird. Wasserpflanzen liefern ihnen den benötigten Sauerstoff.
Leider stellen sich diese paradiesischen Zustände in üblichen Gartenteichen nur selten ein – sie sind zu klein und fast immer auch zu dicht besetzt. Hier muss der Teichbesitzer regelnd und schützend eingreifen:
Die Wasserqualität sollte regelmäßig kontrolliert und ggf. durch Zusätze (Fachgeschäfte, wie Zoohandlungen) verbessert werden. Vor allem im Sommer ist ein zusätzlicher Sauerstoffeintrag (Sprudelpumpe) erforderlich.

Fische kommen und gehen – Besatz und Austausch

Lassen Sie sich beim Besatz Ihres Teiches mit Fischen in einem Zoofachgeschäft beraten. Geben Sie dazu Lage des Teiches, Größe und Tiefe an, dann kann der Fachmann Sie am besten beraten.

- Fachgeschäfte verkaufen ihre Fische in stabilen Transportbeuteln, die mit einem »Schuss« Sauerstoff angereichert werden. Achten Sie darauf, dass der Transportbeutel nur zu etwa einem Drittel mit Wasser gefüllt wird.
- Fahren Sie gleich heim.
- Schütten Sie das Wasser mit den Fischen zunächst vorsichtig in eine Wanne oder einen großen Eimer und gießen Sie alle 10 Minuten etwas von Ihrem Teichwasser hinzu. So gewöhnen sich die Fische an die Temperatur, den pH-Wert und die Zusammensetzung ihres Wassers.
- Erst nach 1–2 Stunden werden die Fische mitsamt dem Wasser vorsichtig in den Teich entlassen: Tauchen Sie die Wanne/den Eimer seitlich ins Wasser ein, dann schwimmen die Fische von allein in ihr neues Zuhause.
- Wenn Sie Fische entnehmen, weil der Besatz zu dicht wird, Sie einige Exemplare umsetzen oder verschenken möchten – verwenden Sie einen Kescher. Berühren Sie niemals die Schuppen mit trockenen Händen.
- Zum längeren Transport eignen sich am besten Eimer mit gut verschließbaren Deckeln. Füllen Sie den Eimer nur zu einem Drittel mit Teichwasser.

Fische füttern – ja oder nein?

Fische füttern ist nur dann erforderlich, wenn im Teich mehr Fische leben, als er aus sich heraus versorgen kann.

- Besorgen Sie sich die passende Futtermischung im Fachgeschäft (Flocken oder tiefgefrorenes Lebendfutter).
- Versuchen Sie, die Fische immer zur gleichen Zeit zu füttern, damit sie sich daran gewöhnen können.
- Streuen Sie nur eine kleine Futtermenge auf das Wasser (ein Futterring ist empfehlenswert) und warten Sie ab, bis alles verzehrt ist. Erst dann folgt die nächste Portion.
- Geben Sie nur so viel Futter, wie die Fische innerhalb von 10 Minuten auffressen.

Die Könige der Teichfische – Koi-Karpfen

Koi-Karpfen stellen besondere Ansprüche an Pflege und Futter. Sie brauchen vollkommen klares Wasser mit hohem Sauerstoffgehalt. Da man sie wegen der Beobachtung gerne in relativ flachen Teichen hält, muss eine Filteranlage und eine zusätzliche Sauerstoffversorgung (Oxidator) eingebaut werden. In vielen Regionen sind die Winter zu kalt. Nehmen Sie die Kois aus dem Teich und überwintern Sie sie im Aquarium.

Expertentipp

Bevor Sie viel Geld für Kois ausgeben, sollten Sie sich unbedingt über den Pflegeaufwand informieren.

Vom Eise befreit ...

Sieht man einmal von den Exoten ab, kommen die meisten Fische gut über den Winter, wenn Ihr Teich tiefer als 80 cm ist. Die Fische ziehen sich in diese eisfreie Tiefenzone zurück und stellen ihren Stoffwechsel fast völlig ein. Ein Eisfreihalter sichert den Gasaustausch – vor allem den Abzug von Faulgasen – auch im Winter. Er wird im Spätherbst auf das Wasser gesetzt, an der tiefsten Stelle mit einem Steinanker fixiert und beschwert. Auch schwimmende Teichheizer mit Temperaturfühler oder kleine Sprudelpumpen halten eine Stelle eisfrei.

Ein Ausflug zu den Fischen

Goldfisch
Carassius auratus

Größe: bis 30 cm
Laichzeit: März–Mai

Aussehen: Jungfische grauschwarz (Wildfarbe), ab dem zweiten Jahr je nach Zuchtform sattrot, rot-weiß gefleckt, auch bizarre Körperformen (»Schleierschwanz«)
Nahrung: Allesfresser
Lebensweise: nicht heimisch; sehr widerstandsfähig gegen Sauerstoffmangel, hohe Temperaturen und Krankheiten; wenig scheu, ruhig, liebt die Sonne; die Weibchen legen bis zu 4000 Eier ins freie Wasser, wo sie dann von den Männchen befruchtet werden
Besatz: je nach Teichgröße 5–7 Jungfische, auf Männchen und Weibchen achten
Besonderheiten: vertragen sich mit anderen Fischen; der Nachteil von Goldfischen ist ihre hohe Aktivität: sie wühlen den Boden auf, so dass das Wasser trüb wird

Graskarpfen
Ctenopharyngodon idella

Größe: bis 60 cm
Laichzeit: Hochsommer

Aussehen: lang gestreckt, schmal, große Schuppen, grün-braun-grau schillernd
Nahrung: Pflanzenfresser; sehr guter Algenvertilger; macht sich über alle Wasserpflanzen her, braucht täglich etwa sein Körpergewicht an Pflanzen; kann problemlos mit Grasschnitt gefüttert werden
Lebensweise: nicht heimisch; sehr sonnenverträglich, braucht warmes Wasser über 26 °C, um sich zu vermehren
Besatz: ein Jungfisch pro m^2 Teichfläche
Besonderheiten: Graskarpfen sind bestens geeignet, um in sehr (!) großen Naturteichen den Algen- und anderen Pflanzenwuchs unter Kontrolle zu halten (sie fressen sogar Rasenschnitt und Wasserlinsen); in kleinen Teichen machen sie sich allerdings über die Seerosen her und sind daher nicht zu empfehlen

Koi-Karpfen
Cyprinus carpio

Größe: bis 1 m
Laichzeit: Mai–Juli

Aussehen: schlank, in sehr vielen Farbspielen gezüchtet, sehr individuelle Färbung, kaum ein Tier gleicht dem anderen; Männchen sind schlanker als Weibchen
Nahrung: Allesfresser, Pflanzen, Würmer, Schnecken, Fischbrut; optimal ist eine kommerzielle Futtermischung
Lebensweise: nicht heimisch; gründelt; braucht absolut sauberes Teichwasser; Überwinterung im Teich nur in über 2 m Wassertiefe möglich, daher Überwinterung im Keller (kühl, wenig füttern)
Besatz: mindestens 2–3 Tiere
Besonderheiten: sehr zutraulich, lässt sich aus der Hand füttern; Kois werden sehr groß und sind daher nur für Liebhaber oder Besitzer großer Teiche zu empfehlen; seltene Farbvarianten sind teuer

winterhart

sollte im Haus überwintern

muss regelmäßig gefüttert werden

nur für große Teiche

Moderlieschen
Leucaspidus delineatus

Größe: 8–10 cm
Laichzeit: April–Mai

Aussehen: schlank, mit silbrig glänzenden Schuppen und bläulichem Schimmer
Nahrung: alle Arten von Kleinlebewesen (Krebse, Insekten und Insektenlarven)
Lebensweise: heimischer Schwarmfisch, zwischen Wasserpflanzen an der Oberfläche; Laichschnüre an den Stängeln von Wasserpflanzen
Besatz: mindestens 7–12 Tiere
Besonderheiten: Brutpflege, das Männchen bewacht den Laich und fächelt ihm sauerstoffreiches Wasser zu; der einzelne Fisch ist eher unscheinbar, in Schwärmen jedoch ein hübscher Anblick

Expertentipp

Beziehen Sie auch heimische Fische nur vom Fachhändler (keine Wildfänge), um keine Krankheiten einzuschleppen.

Goldorfe
Leuciscus idus

Größe: 25–30(50) cm
Laichzeit: April–Juli

Aussehen: ähnlich dem Goldfisch, die Färbung ist aber zarter orangerot, schlank; Zuchtformen in verschiedenen Farbspielen (Gletscher-Orfen mit dunklem Rücken)
Nahrung: Allesfresser, sammelt die Nahrung direkt von der Wasseroberfläche ein; frisst auch Wasserlinsen und kleine Pflanzenteile
Lebensweise: heimischer Schwarmfisch; lebhafter als der Goldfisch, schwimmt bei Störungen blitzartig in Verstecke, kommt aber rasch wieder hervor; erfolgreiches Laichen nur in großen Teichen
Besatz: 5–10 Tiere; der Teich sollte mindestens 8–10 m^2 groß sein, damit sie Schwärme bilden können
Besonderheiten: da die Goldorfen an der Wasseroberfläche nach Mückenlarven suchen, reduzieren sie die Zahl der Stechmücken im Garten

Bitterling
Rhodeus sericeus

Größe: 5–9 cm
Laichzeit: April–Juni

Aussehen: hochrückig, seitlich abgeflacht, Schuppen silbrig glänzend; Männchen zur Laichzeit mit rotem Bauch und Brust, Flanken blaugrün; Weibchen mit langer Legeröhre
Nahrung: Allesfresser, frisst aber vorwiegend Pflanzen (Algen, dünne Pflanzenteile) und Insekten
Lebensweise: heimischer Karpfenfisch mit interessanter Enwicklung: braucht zur Fortpflanzung Teichmuscheln, die Weibchen legen ihre Eier in die Muscheln ab, die Muschel nimmt die Spermien zur Befruchtung mit dem Atemwasser auf; die etwa 1 cm langen Jungfische verlassen die Muschel nach 4–5 Wochen
Besatz: zusammen mit Teichmuscheln 7–10 Tiere
Besonderheiten: sehr interessantes Beobachtungsobjekt zur Balzzeit, wenn die bunten Männchen eine Muschel als Revier verteidigen

winterhart | sollte im Haus überwintern | muss regelmäßig gefüttert werden | nur für große Teiche

Technik rund um Teich und Bach

Streng genommen käme ein stehendes Gewässer völlig ohne technische Hilfsmittel aus – wenn es im biologischen Gleichgewicht ist (siehe Seite 28/29). Leider ist dieser erstrebenswerte Zustand keine Selbstverständlichkeit. Zu geringes Wasservolumen, zu viele Fische, ungünstige Lage, vernachlässigter Bewuchs … es gibt viele Faktoren, die das ungetrübte Wasserglück stören können. Daher werden wohl die meisten Teichbesitzer früher oder später zu technischen Hilfsmitteln greifen, um Wasserqualität und »Performance« ihres Wassergartens zu verbessern. Bei einem fließenden Gewässer kommt man ohnehin nicht ohne Technik aus

Kleines Pumpen-ABC

Filterpumpe:
Spezialpumpe, die Wasser in einen Filter transportiert

Gartenpumpe:
Elektromotor (Kohlebürstenmotor); erzeugt hohen Druck und fördert viel Wasser (für Bäche); selbstansaugend; verbraucht viel Strom

Tauchpumpe:
Pumpe unter dem Wasserspiegel; geringer Installationsaufwand

Teichpumpe:
Elektromotor; langlebig; etwas geringere Förderleistung als Gartenpumpen (für Bäche); meist nicht selbstansaugend; verbraucht wenig Strom

Alles in Bewegung – Pumpensysteme

Das Angebot an Pumpen ist verwirrend! Lassen Sie sich daher in einem guten Fachgeschäft beraten. »Super-Sonderangebote« aus dem Baumarkt könnten Schnäppchen sein, erweisen sich aber oft als Fehlkauf.
Während man für einen Bachlauf Pumpen braucht, um den Wasserkreislauf anzutreiben, versorgen sie am Teich Filtersysteme oder Wasserspiele. Erkundigen Sie sich danach, wie laut die Pumpe ist, wie viel Strom sie verbraucht, welche Schmutzteilchengröße sie durchlässt und ob sie als Bach- bzw. Filterpumpe eingesetzt werden kann.

Expertentipp

Pumpen oder Ansaugrohre gehören auf eine Unterlage, niemals direkt in den Bodenschlamm.

Damit der Sauerstoff nicht ausgeht – sanfte Belüftungssysteme

Die Versorgung des Teichwassers mit Sauerstoff ist zwar unbedingt erforderlich, aber nicht zwangsläufig mit hohem technischem Aufwand verbunden. Oxidatoren sind Sauerstoffspender, die ohne Strom funktionieren. Sie bestehen aus speziellem Keramikmaterial, werden mit Wasserstoffperoxid (H_2O_2) befüllt und ins Wasser versenkt. Dort geben sie kontinuierlich Sauerstoff ab.
Obwohl die Füllung eines Oxidators im Sommer nach etwa 2 Monaten ersetzt werden muss (verbrauchte Geräte treiben auf), sind sie in kleinen Teichen eine gute und unauffällige Alternative zu Pumpen.
In Teichen ohne Fische reichen die Unterwasserpflanzen aus. Auch ein Bachlauf, der in den Teich plätschert, reißt Sauerstoff ins Wasser.

Wenn der Sauerstoff knapp wird – Luft aus der Pumpe

Hohe sommerliche Temperaturen und ein dichter Fischbesatz bringen den Sauerstoffgehalt eines Teiches rasch an die erträgliche Grenze – hier hilft nur eine »künstliche Lunge«. Am einfachsten geht das mit einer Belüftungspumpe, die Luft ansaugt und ans Teichwasser abgibt. Solche Pumpen können mit Schaumdüsen kombiniert werden, so dass mit dem Nutzen sogar noch ein Wasserspiel verbunden wird. Membranpumpen in Verbindung mit einem versenkten Ausströmstein funktionieren wie im Aquarium, müssen allerdings für den Gebrauch im Freien zugelassen sein.
Bei sehr großem Luftbedarf, etwa bei einem flachen, mit vielen Koi-Karpfen besetzten Teich, empfiehlt sich der Kauf eines kleinen Kompressors mit Ausströmstein.

Sauberes Wasser ist gesundes Wasser – Filtersysteme

Vielfach reichen eine Röhrichtzone oder ein flacher Bachzulauf als natürlicher Filter aus. Ist das Teichwasser trotzdem regelmäßig getrübt oder verschmutzt, brauchen Sie jedoch einen Filter.
Ein Innenfilter (Tauchpumpe mit untergetauchter Filtereinheit) steht völlig unter Wasser. Die Pumpe saugt das Wasser durch den Filter an und gibt es gereinigt wieder ab. Innenfilter arbeiten sehr effektiv, lassen sich aber nur aufwändig säubern.
Bei den Außenfiltern steht nur die Pumpe im Wasser. Sie pumpt das verschmutzte Wasser in die Filtereinheit, von dort fließt es gereinigt in den Teich zurück. Die Filtertonne kann zwischen Pflanzen versteckt oder im Boden vergraben werden.

Mit Licht gegen die Algen – der UV-Klärer

Obwohl der Name zu versprechen scheint, das Wasser zu klären, haben diese Geräte nur eine einzige Funktion: Das von ihnen ausgesandte UV-Licht kann alle Arten von Zellen töten. Damit bekämpft ein UV-Klärer nicht nur einzellige Schwebalgen, sondern auch bakterielle Keime. Da ultraviolettes Licht keinen Unterschied zwischen nützlichen und schädlichen Mikroorganismen macht, darf das Gerät nicht dauerhaft angeschaltet bleiben, sonst verwandeln Sie Ihren Teich in ein »keimfreies« Gewässer. UV-Klärer werden als Einzelgeräte oder in Kombination mit Filtern angeboten. Ideal sind Systeme im Bypass-Betrieb, bei denen ein Teil des Wassers durch den Filter (nützliche Mikroben überleben), ein anderer durch den UV-Klärer fließt.

Teichtechnik braucht Wartung und Pflege

Das benötigen Sie

- Betriebsanleitungen, ggf. Schraubenzieher, ggf. Ersatzteile (Verschleißteile), Dichtungsfett, Bürste, Eimer oder Bottich, um die Pumpe aufzunehmen

Der richtige Zeitpunkt

Frühling:
Pumpe(n) und Filter einsetzen

Sommer:
einmal monatlich Pumpenvorfilter und Filtersysteme säubern

Spätherbst:
Pumpe(n) und Filter entnehmen

Alle technischen Bestandteile eines Wassergartens müssen regelmäßig überprüft und gewartet, bei Bedarf natürlich auch repariert werden. Allerdings ist der Gartenteich keine Spielwiese für Hobbybastler. Alle mit Strom betriebenen Geräte, ihre Zuleitungen, Schalter und Stecker sind besonders abgesichert und dürfen nicht verändert werden. Bei den meisten Pumpen sind beispielsweise bestimmte Bereiche durch eine Versiegelung über den Schrauben geschützt: Wird das Siegel beschädigt, erlöschen jegliche Garantie- und Schadenersatzansprüche!
Die wichtigste Regel für Pumpen im Wassergarten lautet: Heben Sie die Betriebsanleitung gut auf und richten Sie sich danach! Wer erinnert sich nach einem »wasserlosen« Winter noch daran, wie der Vorfilter abgebaut oder die Pumpenkammer gereinigt wird?
Und denken Sie immer daran: Alle Wartungsarbeiten an elektrischen Leitungen und Geräten nur bei ausgezogenem Stecker durchführen!
Fest verlegte Anschlüsse, z. B. in Pumpenschächten, erst dann überprüfen, wenn die Sicherungen ausgeschaltet sind!

Pumpen pflegen und warten

- Nehmen Sie die Pumpe im Herbst aus dem Wasser. Auch außer Wasser stehende Pumpen einräumen! Eine Pumpe, deren Inneres vereist, kann irreversibel beschädigt werden.
- Reinigen Sie sie gründlich und stellen Sie das Gerät in einem frostfreien Keller in einen Bottich oder Eimer mit Wasser. Steht eine Pumpe den ganzen Winter auf dem Trockenen, könnte sich die Welle festsetzen.
- Drehen Sie im Frühling vorsichtig (die Pumpe darf nicht angeschlossen sein) am Laufrad, um die Gängigkeit zu überprüfen. Dann kommt die Pumpe wieder ins Wasser.
- Obwohl moderne Pumpen durchweg wartungsfreundlich sind, droht auch ihnen Gefahr durch grobe Schmutz- und Pflanzenteilchen. Zur Sicherheit sollten Sie den Vorfilter der Pumpe regelmäßig von Schmutz befreien (Betriebsanleitung beachten!). Jedes zweite Mal wird die Pumpenkammer geöffnet und gesäubert.

- Defekte Verschleißteile, alte Filter, leckende Dichtungen, Laufräder oder Filtergehäuse sollten Sie nur dann in Eigenarbeit ersetzen, wenn dies in der Betriebsanleitung vorgesehen ist – ansonsten gehen Sie mit dem Gerät zum Fachhandel.

Expertentipp

Bringen Sie am Griff einer Tauchpumpe eine feste Drahtschlinge oder eine Kette an. So lässt sich die Pumpe einfacher entnehmen.

Filterpflege: reinigen und/oder austauschen

Reinigen Sie mechanische Filter (Bürsten, Schwämme, Matten) gut unter klarem, fließendem Wasser. Wechseln Sie völlig verschmutzte Einsätze aus.
In biologischen Filtern wachsen Mikroorganismen auf Lavagranulat oder anderen Trägern. Spülen Sie die Filter gut aus und tauschen Sie sie nach Vorgaben des Herstellers aus. Einige Filter enthalten eine zusätzliche »naturchemische« Kammer mit Zeolith. Dieses entgiftet das Wasser, bindet Nährstoffe, muss aber nach einiger Zeit regeneriert werden. Dazu legt man es in eine gesättigte Kochsalzlösung (Herstellerangaben beachten).

Relativ wartungsfrei: Rohrleitungen

Rohrleitungen für Sprudelbrunnen oder als Zu- bzw. Ableitungen zu Filteranlagen kommen im Wesentlichen ohne Wartung aus. Bauen Sie im Herbst oberirdisch verlaufende Rohre und Schläuche aus und überwintern Sie sie trocken. Fetten Sie Schraubverbindungen und Dichtungen im Frühjahr leicht ein und tauschen Sie defekte Teile aus. Entleeren Sie fest verlegte, unterirdische Rohrleitungen im Herbst, damit sie nicht durch Eis gesprengt werden. Sollte einmal ein Rohr verstopfen, versuchen Sie die Sperre mit einem eingeführten Wasserschlauch zu lösen. Nehmen Sie auf keinen Fall ein chemisches Haushaltsmittel, allenfalls eine mechanische Klempner-Schraube.

Stromleitungen und Anschlüsse warten

Pumpen und Filterpumpen sind nach deutscher DIN-Norm mit einem wassergeschützten Kabel ohne offene, metallische Schrauben versehen. Versuchen Sie niemals auf eigene Faust, Verlängerungen oder Mehrfachsteckdosen aus Einzelteilen zusammenzuschrauben!
Verwenden Sie ausschließlich für das Freiland zugelassene Feuchtigkeitskabel und -stecker.
Prüfen Sie beim Einbau der elektrischen Geräte im Frühling, ob die Steckerverbindungen sauber sind. Tauschen Sie korrodierte Teile gegen neue aus.

Ist das Wasser gut, ist der Teich gesund!

Das benötigen Sie

- Komplett-Set zur Bestimmung der Wasserqualität oder pH-Teststreifen; Set zur Bestimmung der Wasserhärte, ggf. auch Test-Set für Nitratgehalt, Wasserbottich für Fische, Kescher, Sieb und Teichsauger, diverse Präparate als Zusatzstoffe

Der richtige Zeitpunkt

pH- und Härtemessung im Frühling, dann alle 2 Wochen im Sommer; Teichreinigung im September/Oktober; Zusatzstoffe nach Packungsanweisungen

Sie können sich auf unterschiedliche Weise von der Qualität Ihres Teichwassers überzeugen: grob durch sinnliche Wahrnehmungen wie Sehen und Riechen und fein durch chemische Analyse.
Gesundes Wasser ist klar und ungetrübt und riecht nicht. Eventuell im Teich schwimmende Fische machen einen lebhaften Eindruck. Wenn ein heller Gegenstand (Teller) etwa unterarmtief unter Wasser deutlich zu sehen ist, stimmen die äußeren Bedingungen. Allerdings sagen derartige »sinnlichen« Methoden nicht alles. Sie können weder sehen wie sauer oder basisch das Wasser ist, noch welche anderen Inhaltsstoffe es enthält. Daher gehört die chemische Wasseruntersuchung zu den regelmäßigen Pflegemaßnahmen an Teich und Bach. Wenn Sie die Untersuchungen nicht selbst machen wollen, dann wenden Sie sich an ein Labor. Auch manche Gartencenter bieten inzwischen eine Wasseranalyse an.
Und so entnehmen Sie eine Probe : Öffnen Sie eine verschlossene Flasche unter Wasser und lassen Sie sie vorsichtig voll laufen. Lassen Sie die Wasserprobe dann so schnell wie möglich untersuchen.

Sauer oder basisch – den pH-Wert messen

Der pH-Wert gibt an, ob das Wasser sauer oder basisch ist. Die Skala reicht von 0–14. Bei einem Wert von pH 7 ist das Wasser neutral, unter 7–0 ist es sauer, über 7–14 basisch. Der ideale Wert für das Teichwasser liegt bei pH 6–7.
Da saurer Regen, Laubfall und andere Faktoren den pH-Wert des Wassers verändern, sollte er regelmäßig gemessen werden. Verwenden Sie dazu ein handelsübliches pH-Set oder einen Teststreifen. Sie werden einfach ins Wasser getaucht und der pH-Wert mit Hilfe einer Farbskala ermittelt.
Mittel zum Heben oder Senken des pH-Wertes – je nach Ihren Messungen – gibt es im Fachhandel.

Hartes Wasser, weiches Wasser – die Wasserhärte ermitteln

Gartenteiche brauchen mittelhartes Wasser von 9–17 °dH. Auch zur Messung der Wasserhärte gibt es Mess-Sets. Man misst die Wasserhärte (siehe Seite 46) nach einer Indikatormethode. Folgen Sie den Anweisungen des Mess-Sets. Meist wird eine Wasserprobe durch Zugabe eines so genannten Puffers (flüssig oder als Tablette) vorbehandelt und ein Indikator eingetropft, bis ein Farbumschlag eintritt. Die Menge des Indikators gibt dann die Wasserhärte an.
Liegt der Wert wesentlich unter 9 °dH oder über 17 °dH, dann müssen Sie wieder mit chemischen Mitteln Einfluss nehmen.

Der Wasserwechsel – die letzte Rettung

Das Wasser zu wechseln ist keine Lösung für bessere Wasserqualität. Manchmal bleibt allerdings keine Wahl. Pumpen Sie vorsichtig etwa ein Drittel Wasser ab. Entfernen Sie groben Schmutz und Schlamm zunächst mechanisch (feines Sieb), dann mit einem Teichsauger und schneiden Sie wucherndes Wurzelwerk zurück. Füllen Sie dann wieder mit frischem Leitungswasser auf: Binden Sie dazu den Wasserschlauch an einen mit Steinen beschwerten Eimer und lassen Sie das Wasser langsam über den Rand des versenkten Eimers einfließen – so werden weder Wurzeln ausgespült noch Substrat aufgewühlt.

Nützliche und unnütze Chemie

Es gibt eine beinah unüberschaubare Vielzahl von Mittelchen, die dem Wassergärtner bei der Teichpflege helfen sollen. Hilfreich sind verschiedene Kombipräparate, die in neuen Teichen den pH-Wert des Wassers stabilisieren. Oder konzentrierte Nährlösungen mit Mikroorganismen, die den Bodenschlamm biologisch abbauen. Auch Mittel zum Algenstopp können Hilfe bringen.

Expertentipp

Fragen Sie Bekannte nach ihren Erfahrungen. Tipps aus »erster Hand« sind (meist) ehrlicher als Werbebotschaften!

Wenn den Fischen die Luft ausgeht

Reichern Sie Ihren Teich am besten regelmäßig und vorbeugend mit Sauerstoff an:
Füllen Sie verdunstetes Wasser mit der Sprühdüse aus dem Schlauch nach, lassen Sie einen Bach in den Teich fließen oder richten Sie eine Sprudeldüse oder einen Springbrunnen ein.
Bei akuten Notfällen können auch Sauerstoff freisetzende Tabletten oder Konzentrate kurzfristig helfen.

Technische Probleme – was tun?

Das benötigen Sie

- Folienreparatur: Reparatur-Set je nach Folie
- Bachreparatur: Gartenschlauch, Ersatzschläuche/Rohre, Spannungsprüfer
- Skimmereinbau: Gerät und Zubehör je nach Einbauanleitung, Steine zum Beschweren

Diese Zeit brauchen Sie

Folienreparatur: mit Lecksuche 5–6 Stunden (verteilt auf 2–3 Tage)
Bachreparatur: je nach Länge der Rohrleitungen 3–4 Stunden
Skimmereinbau: mehrere Stunden

Manche der auftretenden Probleme sind mit gesundem Menschen(Gärtner)verstand zu lösen, z. B. verstopfte Düsen (Ausbauen, mit klarem Wasser reinigen) oder Rohrleitungen (Durchspülen mit Gartenschlauch), leckende Dichtungen (Einfetten) oder freiliegende Folie (Rand bepflanzen oder abdecken).
Es gibt jedoch in Wassergärten immer wieder Schwierigkeiten technischer Art, die etwas Erfahrung verlangen. Versuchen Sie solche Fälle nicht auf eigene Faust zu lösen, sondern wenden Sie sich an ein Fachgeschäft. Insbesondere wenn elektrische Geräte beteiligt sind, richtet man als Laie oft irreparable Schäden an – von der Gefahr ganz zu schweigen!
Heben Sie alle Garantiekarten, Betriebsanleitungen und Materialproben von Folien auf; das erleichtert Sofortmaßnahmen und die Lösung von Problemen enorm – vor allem, wenn Sie das Problem einem Experten schildern möchten.

Der Wasserstand im Folienteich sinkt regelmäßig ab

In heißen Sommern verdunstet immer eine bestimmte Menge an Wasser – das ist normal und nicht beunruhigend. Sinkt der Wasserspiegel allerdings auch kurz nach dem Befüllen immer wieder bis zu einer bestimmten Höhe ab, kommen zwei Ursachen infrage:
1. Die Kapillarsperre wurde falsch eingebaut oder ist verschlammt. Das Wasser wird über die Barriere ins Erdreich gesogen, so dass der Wasserspiegel sinkt, bis er unterhalb des inneren Walls steht. Abhilfe schafft hier nur eine neu konstruierte Kapillarsperre. Auch Schlammteilchen, die sich zwischen und über den Kieselsteinen ansammeln, oder Pflanzen, die über die Sperre wachsen, wirken wie eine Brücke, die das Wasser aus dem Teich saugt. Hier hilft: Steine ausräumen und säubern und/oder über die Barriere wuchernde Pflanzen entfernen.
2. Die Folie könnte beschädigt sein.

Markieren Sie mit wasserdichtem Folienstift das Niveau, bis zu dem das Wasser absinkt. Füllen Sie nur wenig mehr Wasser auf, und stäuben Sie einen Löffel Mehl auf das Wasser. Gewöhnlich verformt die Sogwirkung des Lochs das Mehl zu einem Keil. Wie ein Leck am sichersten geflickt wird, hängt von dem Material ab: PVC wird z. B. geklebt oder verschweißt, PE geklebt. Bei kleineren Teichen ist es oftmals sicherer, eine neue Folie über die sauber ausgeräumte alte Folie zu verlegen.

Der Wasserfluss versiegt

Prüfen Sie zunächst, ob die elektrische Anlage in Ordnung ist. Sollten Kontakte oder die Pumpe defekt sein, hilft nur der Kundendienst.
Wenn die Pumpe läuft, könnten Zulauf, Ablauf oder die Pumpe selbst verstopft sein. Schalten Sie die Pumpe aus. Spülen Sie alle Rohr-/Schlauchleitungen mit einem kräftigen Wasserstrahl aus dem Gartenschlauch durch (gegen die Fließrichtung). Bei geknickten Schlauchstücken ist die Bruchgefahr recht hoch – besser komplett austauschen. Danach Vorfilter der Pumpe reinigen und Pumpe mit einem Wasserstrahl durchspülen.

Die Wasseroberfläche ist mit Blütenstaub bedeckt

Mit Keschern und Netzen lässt sich dieser feine Staub nicht abfischen. Dauerhafte Abhilfe schafft hier nur ein Oberflächenabsauger, ein so genannter Skimmer. Er wird ins Wasser gesetzt und an eine Pumpe angeschlossen (Kombinationen mit Filtern sind möglich). Die Pumpe saugt das Oberflächenwasser – und damit Staub, Blütenstaub und kleine Blätter – über eine Art Teller in einen Sammelbehälter, der regelmäßig entleert werden muss.

Expertentipp

Am Teichrand eingesetzte, »professionelle« Skimmer lohnen nur in sehr großen Teichen.

So kaschieren Sie die unschöne Filtertonne

Auf den Filter zu verzichten, weil die Filtertonne unschön aussieht, ist die falsche Entscheidung. Legen Sie stattdessen einen Bachlauf zur Vorklärung an. Verlagern Sie die Filtertonne in den Quellbereich (versteckt hinter Erdhügel und Pflanzen). Lesen Sie in der Pumpenbeschreibung (»Pumpenkennlinie«) nach, ob Ihre bisherige Pumpe in der Lage ist, genügend Wasser auf die geplante Quellhöhe zu fördern. Bauen Sie in den Bachlauf flache, breite Pflanzzonen mit Binsen und Zwerg-Rohrkolben ein – sie wirken wie ein biologisches Klärwerk.

Biologische Probleme und ihre Lösung

Das benötigen Sie

- Zuschlagstoffe zum Einstellen von pH-Wert und Wasserhärte (Fachhandel)
- Konzentrat mit Mikroorganismen (zum Abbau von Schlamm)
- ggf. Membranpumpe (zur Anreicherung des Wassers mit Sauerstoff)
- Kescher
- Rechen oder Wickelstab für Fadenalgen
- Teichsauger
- Laubnetz (Herbst)

Biologische Probleme sind oft schwierig zu lösen, da sie zumeist schleichend beginnen und sich dann innerhalb relativ kurzer Zeit beinahe explosionsartig entwickeln können.

Die beste Lösung für Schwierigkeiten dieser Art ist daher eine kontinuierliche Beobachtung. Lernen Sie Ihren Blick nicht nur für die Schönheiten Ihres Wassergartens, sondern auch für seine Ökologie zu schärfen. Vielfach kommen und gehen »biologische« Probleme mit den Jahreszeiten – Kenntnis führt hier zu der erforderlichen Gelassenheit und hilft dabei, Panikreaktionen zu vermeiden. Regelmäßige Wasserproben, gute Sauerstoffversorgung und ein angemessener Fischbesatz (Fischkot ist nährstoffreich!) helfen Ihnen dabei, die biologische »Gesundheit« des Teiches zu erhalten.

Das Teichwasser färbt sich grün

Dieses »Algenblüte« genannte Phänomen tritt vor allem bei neuen Teichen auf, deren Wasser noch zu viele Nährstoffe enthält. Algenblüte kommt und vergeht in Zyklen und ist kein Anlass für Beunruhigung. Erst wenn auch in den Folgejahren regelmäßig Algenblüten auftreten, sollten Sie etwas unternehmen. Messen Sie den Nitratgehalt. Entziehen Sie dem Wasser Nährstoffe durch Unterwasserpflanzen wie Tausendblatt. Sorgen Sie für Sauerstoffeintrag (Bachlauf, Sprudelpumpe) und stellen Sie pH-Wert und Wasserhärte ein. Chemische Algenpräparate helfen nur kurzfristig, da die toten Algen absinken und wieder in den Nährstoffkreislauf einfließen.

An der Oberfläche sammeln sich Algenmatten und Wasserlinsen

Wasserlinsen werden gerne am Gefieder von Vögeln oder mit Wasserpflanzen eingeschleppt. Sie vermehren sich massenhaft, wenn sie genügend Nährstoffe vorfinden. Neben den gegen Algenblüte beschriebenen Maßnahmen angeln Sie die Wasserlinsen mit einem feinen Kescher, die Fadenalgen mit einem Rechen oder Wickelstab aus dem Wasser. Damit entfernen Sie Biomasse aus dem Teich. Auch wenn diese wiederkehrende Arbeit lästig wird – sie ist das beste Mittel, den Teich langfristig an Nährstoffen zu verarmen.

Die Wasserqualität hat sich verändert

Einen zu hohen pH-Wert (über 8,5) können Sie langfristig durch Torfsäckchen im Wasser, kurzfristig durch pH-senkende Präparate korrigieren. Ein zu niedriger pH-Wert (unter 6,5) lässt sich durch ein alkalisierendes Mittel einstellen.
Ist das Wasser zu hart (Gesamthärte über 10 °dH), geben Sie am besten weiches Regenwasser in den Teich. Liegt die Gesamthärte unter 4 °dH, hilft nur ein spezielles Präparat, das die Härte anhebt.
Die Karbonathärte können Sie mit Säurebildnern absenken und mit so genannten Kalkreaktoren anheben.

Auf der Wasseroberfläche sammelt sich Schaum

Der Schaum ist Anzeichen für einen zu hohen Anteil organischer Substanz im Wasser. Kurzfristige Abhilfe schafft hier ein gezielter Wasseraustausch (etwa ein Drittel). Langfristig müssen Sie allerdings den Teich an Nährstoffen verarmen, d. h.: Entschlammen, Sauerstoffzufuhr erhöhen, das Herbstlaub in Netzen abfangen, den pH-Wert absenken, ein Konzentrat aus Mikroorganismen zugeben, die den biologischen Abbau fördern.

Expertentipp

Setzen Sie wuchernde, tropische Schwimmpflanzen ein. Sie verbrauchen sehr viele Nährstoffe.

Aus dem Wasser steigen übel riechende Blasen auf

Dieses Phänomen stellt den Super-GAU für jeden Teichbesitzer dar. Die nach Schwefelwasserstoff riechenden Gase stammen aus Faulschlamm am Teichboden. Hier muss schleunigst etwas unternommen werden, sonst ist Ihr Teich und alles Leben darin verloren. Machen Sie einen Wasserwechsel (siehe Seite 67). Räumen Sie den Teichgrund weitestgehend aus und benutzen Sie zusätzlich einen Teichsauger. Geben Sie ein Präparat mit abbauenden Mikroorganismen ins neue Wasser und sprudeln Sie mit einer Membranpumpe reichlich Sauerstoff hinzu.

Was tun bei Schädlingen und Krankheiten?

Ein Teich mit gemischter Bepflanzung, gesunden Pflanzen und einer guten Wasserqualität kann einen gewissen Schädlingsdruck ohne weiteres aushalten. Bei starkem Befall sollten Sie allerdings mit einem befallenen Pflanzenteil in ein Fachgeschäft gehen und um Rat fragen.
Beachten Sie aber: Fast alle Insektizide (auch die »biologischen« auf Pyrethrum-Basis) können auch andere Wassertiere schädigen! Setzen Sie daher nicht kritiklos dieselben Mittel ein wie für »Landpflanzen«, sondern besorgen Sie sich speziell für Wassergärten geeignete Präparate.
Es wäre vermessen zu glauben, alle potenziellen Bedrohungen für Wasserpflanzen auf einer Doppelseite abhandeln zu können. Das ist Thema für ein ganzes Buch. Hier werden stellvertretend nur einige wichtige Phänomene genannt.

Das benötigen Sie

- Gummihandschuhe (Küchenhandschuhe) zum Absammeln
- Seifenlauge
- biologisch verträgliche Insektizide

Der richtige Zeitpunkt

regelmäßige Kontrolle das ganze Jahr über; bei Erkennen eines Befalls sofort!

Angriffe auf die Königin – Seerosenschädlinge

Seerosen werden vor allem durch Seerosenblattkäfer und Seerosenzünsler bedroht.

- Die nur wenige Millimeter großen, dunklen Larven der Blattkäfer nagen Gänge und Löcher in die Oberseiten der Schwimmblätter – bis zum Absterben. Man erkennt den Befall ab Mai/Juni an den Fraßspuren und den gelben Eierhäufchen auf den Blättern. Sammeln Sie die Eier ab und entfernen Sie stark befallene Blätter.
- Auch die Larven der Zünsler nagen die Blätter an, hinterlassen aber Löcher am Rand und in der Mitte. Die Larven heften sich an die ausgeschnittenen »Blatt-Boote« und verpuppen sich. Sammeln Sie die Raupen ab oder halten Sie Goldorfen im Teich – sie mögen Zünslerlarven.

Blattläuse im Wasser – hier fehlen natürliche Feinde!

An Seerosen saugen spezielle schwarze Blattläuse (*Rhopalosiphon nymphaeae*), die nahe stehende Rosengehölze (z. B. Pflaumen, Kirschen, Schlehen) als Zwischenwirte besiedeln. Leider fallen diese Schädlinge nur selten natürlichen Feinden zum Opfer, denn Marienkäfer oder Florfliegen fliegen kaum über Wasserflächen. Da die Blattläuse mit einer Wachsschicht bedeckt sind, nützt auch Abspritzen mit dem Schlauch nichts. Sie können sie allenfalls absammeln oder mit Insektiziden bereits auf ihren Zwischenwirten bekämpfen.
Die anderen Pflanzen am Teich haben unter den »üblichen« Blattläusen zu leiden. Diese können im Anfangsstadium vorsichtig mit Seifenlauge abgestreift werden.

Wasserschnecken – schädlich oder nützlich?

Im Teich leben mehrere Arten von Wasserschnecken.
Zur Plage kann die weit verbreitete Spitzschlammschnecke (*Lymnaea stagnalis,* siehe Bild) werden, obwohl sie gewöhnlich nur geringe Schäden anrichtet. Sie nagt nicht nur totes Pflanzenmaterial, sondern auch frische Triebe an. Die Schnecken kleben ihre Eier an die Unterseite von Schwimmblättern. Hier kann man sie gut absammeln. Eine wirkungsvolle Alternative sind ins Wasser gelegte »Lockblätter«, die mitsamt ihren Besuchern entnommen werden.

Expertentipp

Posthornschnecken, gut an ihren auffallend geformten Häuser zu erkennen, sind Nützlinge. Sie säubern den Teichgrund!

Pilzkrankheiten bei Wasserpflanzen – eher selten

Zum Glück gehören die allgegenwärtigen Pilzkrankheiten bei Wasserpflanzen eher zu den Ausnahmen. Gut zu erkennen ist die Knollenfäule der Seerosen, die sich in vergilbenden und später absterbenden Blättern äußert. Heben Sie den Korb mit dem Rhizom aus dem Wasser und suchen Sie nach schwarzen Verfärbungen – großräumig abschneiden oder zur Sicherheit die gesamte Pflanze entsorgen.
Brandpilze können z. B. bei Schwertlilien (siehe Bild) und Froschlöffel auftreten. Sie rufen auf den befallenen Blättern Punkte bis Flecken hervor. Schneiden Sie die befallenen Pflanzenteile ab. Vernichten Sie alle Reste alter Schwertlilien vor dem Winter , denn die Pilzsporen können hier überwintern.

Gelbe Blätter – ein Zeichen für Eisenmangel?

Das Wasser sollte, so gut es geht, an Nährstoffen arm sein – das haben Sie jetzt schon öfter gehört. Manchmal muss man aber auch »düngen«. Wasser enthält gewöhnlich nur sehr wenig Eisen, daher kann dieses Spurenelement zum Mangelfaktor werden, was sich in gelben Blättern äußert. Hier hilft ein eisenreicher Spezialdünger. Der Dünger darf aber keinesfalls ins Wasser gelangen, sondern muss gezielt in die Körbe gestreut werden.
Verwenden Sie am besten Hornspäne oder einen speziellen Teichdünger, der seine Mineralien nur langsam abgibt.

Januar/Februar

- Eisfreihalter oder Belüfter-/Membranpumpe kontrollieren
- Schnee auf dem Eis entfernen

Nach der Eisschmelze:

- tote Pflanzenteile am Ufer entfernen
- auf dem Wasser treibende Pflanzen abfischen
- nach erfrorenen Fischen und Amphibien suchen und entfernen
- bei milder Witterung Teichpumpen einsetzen

März

- Teichpumpe, Filter und Skimmer einsetzen
- wenn nicht bereits Ende Februar geschehen, Röhricht knapp über dem Wasserspiegel abschneiden
- ablaichende Amphibien ungestört lassen
- wuchernde Wurzeln an Teichrand und Kapillarsperre entfernen
- dekorative Steine von Algen befreien (herausnehmen und reinigen)
- Uferbepflanzung prüfen und ergänzen
- Pumpen für Bachläufe probeweise in Betrieb nehmen

April

- Wasserspiele einsetzen
- neue Wasserpflanzen einsetzen
- Filter erstmals überprüfen
- Wasserstand einregulieren
- Bachläufe können ab jetzt dauerhaft betrieben werden
- Pollen von der Wasseroberfläche entfernen (entfällt bei Skimmerbetrieb)
- Wasseranalysen ab jetzt alle zwei Wochen

Mai

- neue Seerosen einpflanzen
- ab 12 °C Wassertemperatur dürfen die Fische wieder gefüttert werden (Flockenfutter)
- neue Fische in den Teich einsetzen
- Algen unter Kontrolle halten
- Filter reinigen, Pumpen kontrollieren

Teichpflege übers Jahr

Juni/Juli

- Wasserstand jetzt häufiger kontrollieren und ausgleichen
- Pflanzen auf Schäden untersuchen und ggf. entfernen
- bei zu hohen Teichtemperaturen (22 °C und mehr) für Sauerstoffzufuhr sorgen
- regelmäßig Algen und ggf. Wasserlinsen entfernen
- Verblühtes abschneiden, damit die Blüten nicht ins Wasser sinken
- nochmals Teichrand und Kapillarsperre überprüfen

August

- Verblühtes kontinuierlich entfernen
- auf absterbende Pflanzenteile achten und entfernen
- Algen entfernen
- wuchernde Seerosenblätter an der Basis abschneiden; gelbe Blätter entfernen
- Anblick des Teiches in der Sonne genießen!

September/Oktober

- Laubnetz über den Teich spannen und Laub regelmäßig entfernen
- nicht winterharte Seerosen und tropische Schwimmpflanzen aus dem Wasser nehmen und ins Winterquartier bringen
- bei Wassertemperaturen unter 10 °C, Fische nicht mehr füttern
- bereits Ende Oktober zur Sicherheit Eisfreihalter auf das Wasser setzen
- Wasserspiele abbauen
- Pumpen und Filtersysteme ausbauen

November/Dezember

Der Teich ruht

- Eisfreihalter einbauen (falls nicht bereits im Oktober geschehen)
- dichtes Röhricht etwas zusammenbinden
- Laubnetz abbauen
- Belüfter- oder Membranpumpe einbauen

Pflanzen auswählen

So finden Sie sich im Porträtteil zurecht

Wer sich ein wenig mit der Auswahl von Stauden für den normalen Staudengarten auskennt, hat auch den berühmten Augenblick der »Qual der Wahl« erlebt, wenn man vor den Angebotstischen der Gärtnereien und Gartencenter steht. Bei der Suche nach Pflanzen für den Wassergarten ist es ähnlich und doch wieder ganz anders. Nach meiner persönlichen Erfahrung ist man zumindest in der Anfangsphase auf umfassende Beratung durch einen Fachverkäufer/Gärtner angewiesen. Fragen Sie ihn nach Details: Ist die Pflanze winterhart oder muss sie im Spätherbst entnommen und im Keller überwintert werden? In welcher Wassertiefe findet sie ihre optimalen Bedingungen vor? Wie sieht es mit pH-Wert und Wasserhärte aus? Wie langlebig ist die Staude?
Besonders wichtig ist eine gute Beratung bei den Seerosen. Sie entwickeln sich nur dann zu voller Schönheit, wenn sie wirklich optimale Bedingungen vorfinden. Seerosen, vor allem die wertvollen Sorten, sind nicht eben billig, daher lohnt sich die Suche nach einer Gärtnerei, die sich auf diese Pflanzengruppe spezialisiert hat. Ein kleiner Tipp: Lassen Sie sich beim Kauf die Telefonnummer des Betriebes geben, damit Sie im Zweifelsfalle nachfragen können (sehr freundliche Fachverkäufer geben manchmal sogar ihre Handynummer für direkte Hilfestellung heraus!). Ansonsten lohnt es sich, Kontakte zu Verwandten, Freunden oder Nachbarn aufzunehmen, die bereits über einige Erfahrung bei der Gestaltung eines Wassergartens verfügen – ihre Tipps sind immer praxisbezogen und in der Regel hilfreich.

Zur Auswahl der beschriebenen Arten

Die folgenden Seiten stellen eine Auswahl wichtiger und bewährter Pflanzen vor. Da diese Auswahl zwangsläufig auf persönlichen Erfahrungen und Vorlieben basiert, könnte man theoretisch auch andere Arten vorschlagen. Allerdings handelt es sich bei den ausgesuchten Pflanzen zumeist um Arten und Sorten, die in den meisten Gärtnereien und Gartencentern vorrätig sein dürften.
Der Porträt-Teil ist nach folgendem Schema aufgebaut: Alle Pflanzen sind auf drei Standorte, bezogen auf die Wassertiefe, verteilt (Wasserpflanzen – Pflanzen für die Sumpfzone – Pflanzen für den Teichrand). Das erleichtert die Auswahl für einen gezielten Pflanzenkauf und erlaubt Ihnen, bereits im ersten Jahr nach Anlage des Teiches/Baches auf blühende Pflanzen zu blicken.
Innerhalb der Kategorien wurden die Pflanzen nach verschiedenen Kriterien gegliedert, die sich jeweils aus den Überschriften der Doppelseiten ergeben.

Der Aufbau der einzelnen Pflanzenbeschreibungen

Auf den deutschen **Namen** folgt die lateinische Bezeichnung (danach sind die Pflanzen in vielen Gartencentern und in den meisten Katalogregistern geordnet). Sortennamen stehen in einfachen Anführungszeichen.
Höhen- und Breitenangaben erleichtern die Entscheidung über den gestaffelten Höhenaufbau einer Pflanzkombination. Außerdem bestimmt die Breite den Pflanzabstand. Beide Angaben sind als Durchschnittswerte der ausgewachsenen Pflanzen zu verstehen, die je nach Sorte, Standort und Boden abweichen können.
Richten Sie sich beim Einpflanzen dennoch in etwa nach diesen Angaben, damit die ausgewählten Pflanzen nicht ihre Nachbarn überwuchern. Auf besonders wüchsige Stauden wird ohne Breitenangabe direkt hingewiesen.
Auch die **Blütezeiten** sind als Durchschnittswerte zu verstehen. Ein warmes Frühjahr, ein zu heißer oder zu kalter Sommer, Veränderungen der Wasserqualität – all das beeinflusst den Beginn der Blütezeit. Schreiben Sie sich auf, wann Ihre schönsten und wichtigsten Stauden zu blühen beginnen. Diese Mühe zahlt sich in einigen Jahren mehr als aus.
Besonders wichtig für Wasser- und Sumpfpflanzen (Seerosen!) ist die Angabe der Wassertiefe. Der Wert gilt jeweils von der Wasseroberfläche bis zur Oberseite des Substrates – nicht bis zum Boden der Stufe!
Messen Sie die effektive Wassertiefe (T = Wasserspiegel bis Bodengrund) mit einem Zollstock/Bambusstab und die Höhe des Pflanzkorbes (H), dann ergibt sich die Pflanz-Wassertiefe aus T minus H.

Die Bedeutung der verschiedenen Piktogramme

Die Piktogramme weisen auf Licht- und Wasserbedürfnisse und besondere Eigenschaften der jeweiligen Pflanze hin. Überschneidungen – z. B. Sonne bis Halbschatten – sind möglich.
Der wichtigste Standortfaktor betrifft die **Lichtbedürftigkeit**. Sonnenpflanzen sind an völlig andere Verhältnisse angepasst als Schattenpflanzen. Obwohl die meisten Pflanzen eine gewisse Spanne an Lichtverhältnissen tolerieren, sollten Sie reine Sonnenpflanzen nicht in den Schatten pflanzen und umgekehrt.

☼ Die Pflanze gedeiht am besten in voller Sonne, d. h., im Laufe des Tages liegt der Standort nie oder nur für eine bis zwei Stunden in der Sonne.

◑ Die Pflanze gedeiht am besten im Halbschatten. Halbschatten ist ein dehnbarer Begriff, er herrscht sowohl im dauerhaft lichten Schatten eines Gehölzes (die Pflanze steht niemals in der vollen Sonne), aber auch an Orten, die für mehrere Stunden am Tag im Vollschatten liegen (etwa im Schlagschatten eines Gartenhauses).

- Die Pflanze gedeiht sogar noch im Schatten gut. Im Vollschatten (die Sonne scheint niemals) herrschen extreme Bedingungen, die nur von wenigen Spezialisten toleriert werden (Farne, einige Gehölze aus dem Unterwuchs dichter Wälder), während Standorte, die nur für zwei bis drei Stunden täglich besonnt werden, zwar noch als schattig gelten, aber einen etwas breiteren Spielraum bieten.

Die zweite Gruppe betrifft die **Wasserbedürftigkeit** (gilt nur für die Randpflanzen). Auch hierbei stellen die Piktogramme eher den durchschnittlichen Wasserbedarf dar. Bei intensiver Sonneneinstrahlung nimmt der Wasserbedarf aller Pflanzen zu. Gehen Sie daher an heißen Tagen häufiger durch den Garten und achten Sie auf schlaffe Blätter – gießen Sie auch dann, wenn das Piktogramm »wenig gießen« empfiehlt.

- Die Pflanze sollte regelmäßig täglich gegossen werden, bei heißem Wetter ggf. sogar morgens und abends.
- Es reicht aus, wenn die Pflanze alle 3–4 Tage gegossen wird (siehe oben).
- Die Pflanze kommt natürlicherweise mit wenig Wasser aus und braucht nur bei längerer Trockenheit gezielt gegossen werden.

Die dritte Piktogrammgruppe stellt v**erschiedene Eigenschaften** in den Vordergrund, die bei der Auswahl der Art von Bedeutung sein können.

- Die Blütenstängel können geschnitten und in der Vase ins Zimmer gestellt werden.
- Teile (z. B. Früchte) oder sogar die ganze Pflanze sind giftig. Achten Sie vor allem auf dieses Zeichen, wenn Kinder regelmäßig im Garten spielen dürfen.
- Die Pflanze eignet sich besonders gut für die Gestaltung eines Bachlaufes.

Zum Aufbau der Porträttexte

Die folgenden Kurzbeschreibungen der Pflanze befassen sich mit dem Aussehen, dem Pflanzen, der Pflege und den Gestaltungsmöglichkeiten.
Aussehen: Hier finden Sie eine kurze Charakterisierung von Wuchsform, Blättern und Blüten.
Pflanzen: Hier finden Sie die erforderlichen Informationen zum Einpflanzen, wie Substrateigenschaften, Pflanzabstände und Pflanz- bzw. Aussaattermine.

Eine farbenprächtige Zusammenstellung für die Sumpfzone: Scheinkalla (*Lysichiton camtschatcensis*), Sumpfdotterblume (*Caltha palustris*) und Kugelprimel (*Primula denticulata*).

Pflegen: Hier sind spezielle Ansprüche aufgelistet, als Ergänzung zu den allgemeinen Angaben im Praxisteil.
Gestalten: Hier finden Sie praxisnahe Tipps, wie die Pflanzen optimal zur Geltung kommen.

Unter *Expertentipps* oder *Gute Partner* werden darüber hinaus weitere nützliche Informationen angeboten.

So grünt's und blüht's im Wasser

Die dreidimensionale Welt unter Wasser wird nur durch die Pflanzen, die sich darin wohl fühlen, sinnlich erfahrbar. Wir sehen die spiegelnde Oberfläche, ohne zunächst erahnen zu können, was darunter liegt. Erst frei im Wasser treibende, beblätterte Stängel, schwimmende Blätter oder leise schwankende Blüten machen uns deutlich, dass hier ein ganz eigener Lebensraum mit »negativen« Höhenstufen existiert.

Alle Wasserpflanzen zeichnen sich dadurch aus, dass sie Nährstoffe und Kohlendioxid direkt aus dem Wasser aufnehmen. Daher fehlt ihnen das weit verzweigte Wurzelsystem der Landpflanzen, und Spaltöffnungen für den Gasaustausch werden nur in den Überwasser-Blättern gebildet. Eine interessante anatomische Anpassung sind die Luftkammern in Blättern und Stängeln: Sie sorgen für den nötigen Auftrieb und stabilisieren die Position des Pflanzenkörpers – dafür brauchen sie keine stabilen Festigungsgewebe wie die Landpflanzen.

Pflanzen für tiefes und flaches Wasser

Wasserpflanzen lassen sich unterschiedlich gliedern. In der gärtnerischen Praxis hat sich eine Gliederung nach den Tiefenstufen als sinnvoll erwiesen.

In der **Tiefwasserzone**, die bei 60–80 cm Wassertiefe beginnt, leben drei Pflanzentypen:

- Schwimmblattpflanzen wurzeln im Boden und treiben Jahr für Jahr lange Stiele mit auf dem Wasser schwimmenden Blättern aus.
- Unterwasserpflanzen bilden keine Wurzeln, sondern schweben frei im Wasser. Sie überstehen den Winter in Form von Überwinterungseinheiten (z. B. Samen, Knospen), die zu Boden sinken.
- Schwimmpflanzen treiben wie kleine Flöße auf der Oberfläche, ohne sich im Grund zu verankern. Auch sie bilden Überwinterungsorgane oder müssen (bei tropischen Arten) außerhalb des Teiches überwintern.

In der **Flachwasserzone**, die sich zwischen 10–40 cm Wassertiefe erstreckt, liegt die Zone des Röhrichts. Hier finden sich besonders viele Arten mit stark wuchernden Ausläufern und/oder Wurzelstöcken. In der gärtnerischen Praxis profitieren wir von dem breiten Angebot, müssen den Pflanzen allerdings auch Grenzen setzen (Wurzelsperren), damit sie ihre Nachbarn nicht überwuchern.

Liefern Sauerstoff – Unterwasserpflanzen

Raues Hornblatt
Ceratophyllum demersum

Höhe/Breite: bis 2 m lange Stängel
Blütezeit: Juni–Juli
Wassertiefe: ab 50 cm

Aussehen: Blüten unscheinbar, unter der Wasseroberfläche; Blätter schmal, in Quirlen; Stängel wurzellos, verzweigt, frei im Wasser treibend; bildet dichte Bestände
Pflanzen: ab April/Mai; Triebstücke aus dem Transportbeutel einfach ins Wasser legen oder an einen Stein binden; mäßig nährstoffreiches bis nährstoffreiches Wasser
Pflegen: nicht erforderlich; zu stark wuchernde Pflanzen abfischen und kompostieren; kann im Winter im Teich bleiben (bildet absinkende Winterknospen)
Gestalten: gestalterisch von untergeordneter Bedeutung, wirkt aber recht dekorativ und natürlich

Expertentipp

Zwischen den Blättern verstecken sich viele Kleintiere.

Kanadische Wasserpest
Elodea canadensis

Höhe/Breite: bis 1 m lange Stängel
Blütezeit: blüht nicht
Wassertiefe: ab 20 cm

Aussehen: wintergrün, im Schlammboden gründend, vermehrt sich nur vegetativ über natürliche Bruchstücke des Sprosses; blüht nur in ihrer Heimat; Blätter schmal, dicht in Quirlen stehend
Pflanzen: ab April/Mai; in den Boden drücken oder an Stein ins Wasser absenken; oft eingeschleppt durch Wasserpflanzen; verträgt breites Spektrum von Wasserhärten
Pflegen: vermehrt sich sehr stark (»Pest«) und muss daher regelmäßig ausgelichtet werden, sonst unterdrückt sie andere Unterwasserpflanzen; in großen Naturteichen schwer zu kontrollieren
Gestalten: als Sauerstoffproduzent und zur Reinigung von Wasser bestens geeignet; trägt wegen des wuchernden Wuchses aber nur bedingt zur Gestaltung bei

Tausendblatt
Myriophyllum-Arten

Höhe/Breite: bis 1 m lange Stängel
Blütezeit: Juli–September
Wassertiefe: ab 50 cm

Aussehen: Blüten weißlich-rosa in kleiner Ähre, die aus dem Wasser herausragt; Stängel aufrecht, verzweigt, völlig unter Wasser, können auch auf der Oberfläche schwimmen; Blätter fein zerteilt, in Quirlen
Pflanzen: ab April/Mai; bewurzelte Triebe in den Boden setzen; anspruchslos, bevorzugen aber saures, nährstoffreiches Wasser; verträgt breites Spektrum von Wasserhärten
Pflegen: in großen Naturteichen ungestört lassen, gelegentlich auslichten; in kleineren Teichen regelmäßig kontrollieren und auslichten (auch aus dem Schlammgrund ziehen, da sie sich flächenhaft ausbreiten)
Gestalten: die Blätter sehen im klaren Wasser sehr natürlich aus; Blüten unscheinbar, aber recht dekorativ

sonnig | halbschattig | schattig | viel gießen | mäßig gießen

Dichtblättriges Fischkraut

Groenlandia densa

Höhe/Breite: 30 cm
Blütezeit: Juni–September
Wassertiefe: 30–100 cm

Aussehen: im Boden wurzelnd; relativ dicke, durchscheinende Stängel; Blätter länglich schmal, leicht gewellt; Blüten sehr klein und unscheinbar
Pflanzen: ab April/Mai, auch in langsam fließende Bäche; Wurzeln in den Schlammboden drücken; braucht unbedingt sauberes, mäßig nährstoffreiches Wasser; verträgt breites Spektrum von Wasserhärten
Pflegen: möglichst ungestört lassen; starkwüchsig, daher überzählige Triebe entfernen; winterhart
Gestalten: gestalterisch eher unscheinbar, aber wichtiger Sauerstoffproduzent

Expertentipp

Geschützte heimische Wasserpflanze, deren Vorkommen auf sauberes Wasser von guter Qualität hinweist.

Wasserhahnenfuß

Ranunculus aquatilis

Höhe/Breite: über 1 m lange Stängel
Blütezeit: Juni-September
Wassertiefe: 30–80 cm

Aussehen: Stängel teilweise auf der Wasseroberfläche schwimmend; Unterwasserblätter fadenförmig, Schwimmblätter ab dem Frühsommer, rundlich bis nierenförmig; Blüten weiß, einfach, knapp über dem Wasser
Pflanzen: ab April/Mai; in den Schlamm setzen; optimal ist nährstoffreiches Wasser mit leichter Bewegung (Bach oder Pumpensog); am natürlichen Standort in kalkreichen, harten Gewässern
Pflegen: problemlos, nur auslichten; kann nach einigen Jahren verschwinden und sich nur noch durch Selbstaussaat verbreiten
Gestalten: sehr dekorativ zur Blütezeit, wenn die Blüten über der Wasseroberfläche schweben; bestens geeignet für Bachläufe mit tieferen Bereichen und langsamer Strömung – die Stängel bewegen sich mit der Strömung

Wasserschlauch

Utricularia vulgaris

Höhe/Breite: lange Stängel
Blütezeit: Juni–August
Wassertiefe: 30–50 cm, auch tiefer

Aussehen: wurzellos, frei treibende Stängel mit stark zerschlitzten Blättern, Blüten 10 cm über Wasser
Pflanzen: ab April/Mai; ins Wasser legen; nährstoffarme Gewässer, möglichst weiches Wasser; auch in langsam fließenden Bächen und im flachen Uferbereich
Pflegen: problemlos, gelegentlich auslichten, da nur mäßig wachsend; überwintert mit absinkenden Winterknospen
Gestalten: interessant aussehende, schwebende Stängel; Fleisch fressende Pflanze mit Fangblasen (mit Lupe zu erkennen), gutes Beobachtungsobjekt für Kinder

Expertentipp

Kinder dürfen die Pflanze für Untersuchungen nicht selbst aus dem Wasser holen – Gefahr!

Schwimmpflanzen

Feenmoos
Azolla caroliniana

Höhe/Breite: 2–3 cm/2–3cm
Blütezeit: keine Blüte
Wassertiefe: ab 30 cm

Aussehen: Teppiche bildender Schwimmfarn mit dunkelgrüner bis roter Blattfärbung, Blätter eingeschnitten; verzweigte Sprosse
Pflanzen: nach den letzten Nachtfrösten (Ende Mai) auf die Wasseroberfläche setzen; nährstoffreiche Gewässer
Pflegen: regelmäßiges Abfischen entfernt Biomasse aus dem Teich; Feenmoos darf sich nicht ungezügelt ausbreiten, weil es das Wasser stark beschattet; tropischer Farn, der in kalten Wintern erfriert, daher einige Exemplare in einer Schale hell und kühl überwintern
Gestalten: vor allem zur Nährstoffverarmung und als Algenkonkurrent wichtig; die im Wind schaukelnden Pflanzen tragen allerdings auch zur Dekoration bei; Konkurrenz mit Schwimmblattpflanzen möglichst vermeiden

Wasserhyazinthe
Eichhornia crassipes

Höhe/Breite: 25–40 cm/ca. 30 cm
Blütezeit: Juli–September
Wassertiefe: ab 30 cm

Aussehen: Teppiche bildende, ungewöhnliche Schwimmpflanze mit Luftblasen in den Blattstielen; Blätter aufrecht aus dem Wasser ragend; Blüten in walzenförmigem Blütenstand, rosa bis rosaviolett
Pflanzen: nach den letzten Nachtfrösten (Ende Mai) auf das Wasser setzen; nährstoffreiches Wasser; verträgt breites Spektrum an Wasserhärten
Pflegen: breitet sich sehr stark aus, daher regelmäßig wuchernde Ableger an den Ausläufern abschneiden und entnehmen; tropische Wasserpflanze, die bei etwa 10 °C hell überwintern muss
Gestalten: wegen der starken Ausbreitung nur für große Naturteiche; sehr dekoratives Blattwerk und hübsche Blüten, gibt Teichen mit Bambus oder großen Blattpflanzen ein subtropisches Ambiente

Wasserlinse
Lemna minor u. a. Arten

Höhe/Breite: flach/1 cm
Blütezeit: April–Mai
Wassertiefe: ab 30 cm

Aussehen: Teppiche bildend; rundliche, schwimmende Blättchen an stark reduzierten Sprossen mit winzigen, hängenden Wurzeln; Blüten klein und unscheinbar
Pflanzen: ab dem Frühling auf das Wasser setzen (stellen sich häufig von selbst als Verunreinigung zusammen mit anderen Wasserpflanzen ein); nur in nährstoffreichen Gewässern
Pflegen: äußerst robust und bei genügend Nährstoffen (Stickstoff im Wasser) stark wuchernd; unbedingt regelmäßig abfischen, sonst verdunkeln sie das Wasser; winterhart
Gestalten: obwohl Wasserlinsen vielfach als »Unkraut« gelten, bieten sie einige Vorteile: sie erinnern an nostalgische, alte Dorfteiche, entziehen dem Wasser Nährstoffe und unterdrücken Algenwuchs; als kleine schwimmende Inseln kultivieren

sonnig | halbschattig | schattig | viel gießen | mäßig gießen

Wassersalat, Muschelblume
Pistia stratiotes

Höhe/Breite: 5–10 cm/15–20 cm
Blütezeit: blüht so gut wie nie
Wassertiefe: ab 30–50 cm

Aussehen: salatartige Blattrosetten, Blätter abgerundet mit gut sichtbaren Adern; Blüten grün und unscheinbar (nicht in unseren Breiten); ins Wasser hängende Wurzeln
Pflanzen: nach den letzten Nachtfrösten (ab Ende Mai) auf das Wasser setzen, möglichst sonnige Standorte; nährstoffreiches, warmes Wasser, wächst in breitem Spektrum von Wasserhärten
Pflegen: am besten ungestört lassen; Ausläufer können abgetrennt werden; ab dem Spätsommer bilden sich kleine Tochterpflanzen, die in Torfmull feucht, hell und warm überwintert werden (sicherer ist jährlicher Neukauf)
Gestalten: interessant für Kinder sind die abperlenden Wassertropfen, die die Oberfläche nicht benetzen; tropisches Ambiente auch für üppig bepflanzte Zierteiche oder Terrassenkübel

Schwimmfarn
Salvinia natans

Höhe/Breite: 10–15 cm lange Triebe
Blütezeit: blüht nicht
Wassertiefe: 20–50 cm

Aussehen: regelmäßig ovale Blättchen an kurzen, kaum verzweigten Trieben, schwimmend; keine Wurzeln oder Blüten, die Wurzelfunktion übernimmt ein umgewandeltes Blatt; einjährige Farnpflanze, die mit absinkenden Sporen überwintert
Pflanzen: ab April/Mai auf das Wasser setzen; nährstoffreiches Wasser; verträgt breites Spektrum von Wasserhärten
Pflegen: pflegeleicht; relativ starkwüchsig, daher wuchernde Exemplare etwas eindämmen; ab dem Spätsommer/Herbst zur Sicherheit Pflanzen mit Sporenbehältern (an den umgewandelten Blättern) sammeln, in flachen Schalen im Keller überwintern
Gestalten: die kleinen Schwimmblättchen bewegen sich leicht im Spiel des Windes; frei auf dem Wasser oder zwischen Schwimmblättern

Krebsschere
Stratiotes aloides

Höhe/Breite: 120–30 cm/20–30 cm
Blütezeit: Mai–Juli
Wassertiefe: 50–100 cm

Aussehen: in Rosetten steif aus dem Wasser ragende, schmale Blätter, Rand sägeartig gezähnt; frei schwimmend, im Flachwasser auch wurzelnd; Blüten weiß, kurz über der Wasseroberfläche
Pflanzen: ab April/Mai; Jungpflanzen in den Boden drücken; mäßig nährstoffreiche bis nährstoffreiche Gewässer, möglichst hart (kalkhaltig); im Herbst sinken die Rosetten zu Boden, überwintern und steigen im nächsten Frühling wieder auf
Pflegen: pflegeleicht Vermehrung über die Ausläufer
Gestalten: die verwurzelten Exemplare kommen am besten im Flachwasserbereich zwischen Röhricht zur Geltung; auch als Formkontrast zu flach aufliegenden Schwimmblättern, schön in Kombination mit Seerosen

Schwimmblattpflanzen

Froschbiss
Hydrocharis morsus-ranae

Höhe: Blüte bis 20 cm aufragend
Blütezeit: Juni–August
Wassertiefe: 20–50 cm

Aussehen: fast runde, schwimmende Blätter mit Einschnitt am Stiel, 5–6 cm Durchmesser, in einer Blattrosette; im Grund verwurzelt; Ausläufer bildend; Blüten auf blattlosen Stielen, weiß, 2–3 cm Durchmesser
Pflanzen: ab April/Mai; in Pflanzkörben oder direkt in den Grund der Flachwasserzone setzen; nährstoffreiches Wasser
Pflegen: starkwüchsig, daher an den Ausläufern trennen und überzählige Pflanzen entnehmen; winterhart durch absinkende Winterknospen
Gestalten: attraktive, seerosenartige Schwimmblätter und auffallend schneeweiße Blüten; allerdings nur für größere Teichanlagen geeignet; wichtig zur Wasserklärung in Schwimmteichen

Mummel, Gelbe Teichrose
Nuphar lutea

Höhe: Blüte 10–15 cm aufragend
Blütezeit: Mai–Juli
Wassertiefe: 50–100 cm, auch tiefer

Aussehen: bis zu 5 m lange Stängel; seerosenartige Schwimmblätter; Blüten dottergelb, kugelig, 4–5 cm Durchmesser, an blattlosen Stielen; über Wasser stehende, birnenförmige Früchte, alle Teile schwach giftig
Pflanzen: ab April/Mai in Pflanzkörbe setzen und mit Steinen gegen Aufschwimmen beschweren; Wasser mäßig nährstoffreich bis nährstoffreich, auch in tiefe Zonen eines langsam fließenden Bachlaufes
Pflegen: wuchert sehr stark, daher am besten für große, naturnahe Teiche; Zuwachs regelmäßig reduzieren
Gestalten: Ersatz für Seerosen, die deutlich sonnigere Standorte benötigen

Expertentipp

Für kleine Teiche ist die Kleine Teichrose (Nuphar pumila) besser geeignet.

Gewöhnliche Seekanne
Nymphoides peltata

Höhe: Blüten 10 cm aufragend
Blütezeit: Juni–September
Wassertiefe: ab 50 cm

Aussehen: meterlange kriechende oder schwimmende Ausläufer; seerosenartige, rundliche Schwimmblätter mit Einschnitt am Stiel, oberseits dunkelgrün bis braun, 6–10 cm Durchmesser; Blüten bis 7 cm im Durchmesser, goldgelb mit bewimperten Blütenblättern
Pflanzen: ab April/Mai in Pflanzkörbe; nährstoffreiches Wasser; verträgt breites Spektrum von Wasserhärten; etwa 1–2 Pflanzen pro m^2
Pflegen: kann in die Sumpfzone einwandern und sich zusätzlich durch Samen vermehren; wuchert sehr stark, muss daher regelmäßig an den Ausläufern getrennt und ausgelichtet werden; winterhart
Gestalten: nicht für kleine Teiche geeignet; für Naturteiche gute Ergänzung zur dichten Uferbepflanzung aus Röhricht, Kalmus, Schwertlilie und Schwanenblume

Flutendes Laichkraut

Potamogeton natans

Höhe: Blüten ca. 10 cm aufragend
Blütezeit: Juni–August
Wassertiefe: 40–100 cm

Aussehen: über den Boden kriechendes Rhizom; Blätter großenteils untergetaucht, nur die oberen schwimmen auf der Wasseroberfläche, oval, spitz zulaufend, ca. 10 cm lang; Blüten in einer kompakten, walzenförmigen Ähre, grünlich-weiß bis rötlich
Pflanzen: ab April/Mai; wegen des Ausbreitungsdrangs nur in Pflanzkörben; kommt auch in weniger nährstoffreichem Wasser zurecht
Pflegen: erst im Herbst zurückschneiden; nicht für kleine Teiche
Gestalten: der Schmuckwert ist eher gering, aber die Pflanze gehört wegen ihrer ökologischen Bedeutung in größere Naturteiche

Expertentipp

Weniger stark wuchert das Krause Laichkraut (P. crispus).

Wassernuss

Trapa natans

Breite: 40–50 cm
Blütezeit: Juli–August
Wassertiefe: 40–80 cm

Aussehen: wurzelt im Teichgrund, Stängel verzweigt und an den Knoten bewurzelt; Blätter gestielt, in einer Rosette, Blattstiele mit Schwimmkörpern, Blätter rautenförmig, gezähnt, färben sich im Herbst rot; Blüten in den Blattachseln, weißlich; dunkelbraune, vierstachelige Steinfrucht
Pflanzen: einjährig; vorkultivierte Pflanzen ab April/Mai, Früchte etwas früher in den Teichgrund setzen; sauberes, nährstoffreiches Wasser, möglichst weich, auch in langsam fließende Bachläufe
Pflegen: im Herbst die Rosetten absammeln und die Früchte im Teich versenken (einige feucht und vor Frost geschützt im Keller lagern)
Gestalten: die regelmäßigen Blattrosetten wirken sehr dekorativ, vor allem wegen der Verfärbung im Herbst

Weitere Schwimmblattpflanzen

Name	Wassertiefe	Aussehen Besonderheiten
Südafrikanische Wasserähre (*Aponogeton distachyos*)	50–80 cm	schmale Blätter, 20 cm lang; Blüte mit Vanilleduft
Herzlöffel (*Caldesia parnassiifolia*)	15–35 cm	weiße Blüten in Rispenähren
Wasserstern (*Callitriche palustris*)	Sumpfzone bis 50 cm	Blätter bilden auf dem Wasser einen Stern; wintergrün; verträgt Schatten
Schwimm-Sumpfdotterblume (*Caltha natans*)	20–40 cm	hübsche gelbe Blüten
Froschkraut (*Luronium natans*)	20–40 cm	Blätter löffelförmig; Blüten weiß, lang gestielt, selten; braucht weiches Wasser
Japanische Teichrose (*Nuphar japonica*)	50–100 cm	längliche Schwimm- und herzförmige Unterwasserblätter
Goldkeule (*Orontium aquaticum*)	30–50 cm	nur in tiefgründigem Boden; goldgelbe Blütenkolben
Schwimm-Knöterich (*Persicaria amphibia*)	20–60 cm	schmale Schwimmblätter; rosa Blüten, wuchert nicht
Wasser-Lebermoos (*Riccia fluitans*)	20–90 cm	Moos, das dicht unter der Wasseroberfläche schwimmt; auch eine Landform

Winterharte Seerosen – robust und schön

Weiße Seerose
Nymphaea alba

Blütendurchmesser: 9–12 cm
Blütezeit: Juni–September
Wassertiefe: 70–120 cm und tiefer

Aussehen: armdickes Rhizom; bis 40 cm große Schwimmblätter, ledrig, grün; Blüten weiß, zahlreiche Blütenblätter, gelbe Staubblätter, wohlriechend; alle Teile schwach giftig
Pflanzen: ab Mai bis Mitte Juni; in Pflanzkörbe (mindestens 10 Liter Inhalt), in großen Naturteichen auch direkt in den Bodenschlamm
Pflegen: im Frühling in Lehmkügelchen gekneteten Dünger oder Langzeitdünger (z. B. Hornspäne) in die Erde der Körbe drücken; gelbe Blätter oder Blätter mit Fraßspuren entfernen; im Herbst absinkende Blätter entfernen; winterhart
Gestalten: heimische Seerose, die sich stark ausbreitet und nur in großen Naturteichen ihren Platz findet

Expertentipp

Nur nach Beratung durch einen Fachmann pflanzen.

Seerose
Nymphaea-Hybriden

Blütendurchmesser: bis 25 cm
Blütezeit: Juni–September
Wassertiefe: ab 25–300 cm

Aussehen: schwimmende Blätter an langen Stielen; Blüten in Farbe und Größe sehr variabel (siehe nebenstehende Tabelle)
Pflanzen: ab Mai bis Mitte Juni; in Pflanzkörbe (mindestens 5–10 Liter Inhalt) oder direkt in den Bodengrund; beim Kauf der Sorten sehr genau auf die Angaben zur Wassertiefe achten, da dieser Wert unbedingt eingehalten werden muss
Pflegen: im Frühling in Lehmkügelchen gekneteten Dünger oder Langzeitdünger (z. B. Hornspäne) in die Erde der Körbe drücken; gelbe Blätter oder Blätter mit Fraßspuren entfernen; im Herbst absinkende Blätter entfernen; winterhart
Gestalten: obwohl Seerosen isoliert auf der Wasseroberfläche schwimmen, sollten Sie die Blütenfarbe auf die Uferbepflanzung abstimmen

Wohlriechende Seerose
Nymphaea odorata

Blütendurchmesser: ca. 10 cm
Blütezeit: Juni–September
Wassertiefe: 50–80 cm

Aussehen: Rhizome flach auf dem Boden liegend; rötliche Stängel, Blätter etwa 20 cm im Durchmesser; Blüte reinweiß, tassenförmig, zugespitzte Blütenblätter
Pflanzen: ab Mai bis Mitte Juni; in Pflanzkörbe (mindestens 5 Liter Inhalt) oder direkt in den Bodengrund; pro Pflanze 1,5 m^2
Pflegen: im Frühling in Lehmkügelchen gekneteten Dünger oder Langzeitdünger (z. B. Hornspäne) in die Erde der Körbe drücken; gelbe Blätter oder Blätter mit Fraßspuren entfernen; im Herbst absinkende Blätter entfernen; winterhart
Gestalten: unempfindliche Seerose mit hübscher, sehr natürlich aussehender Blüte; in mittelgroßen Teichen eine bessere Wahl als die heimische Weiße Seerose

sonnig | halbschattig | schattig | viel gießen | mäßig gießen

Cape Cod Teichrose

Nymphaea odorata var. *rosea*

Blütendurchmesser: 12 cm
Blütezeit: Juni–September
Wassertiefe: 50–70 cm

Aussehen: flach auf dem Boden liegendes Rhizom; Blätter fast kreisrund, bis 25 cm Durchmesser; Blüten zartrosa, Blütenblätter biegen sich bei älteren Blüten zum Stiel hin um, etwas erhöht über der Wasseroberfläche, kräftig gelbe Staubgefäße, bleiben im Unterschied zu anderen Seerosen auch nachts geöffnet, wohlriechend
Pflanzen: ab Mai bis Mitte Juni; in Pflanzkörbe (mindestens 5 Liter Inhalt) oder direkt in den Bodengrund; pro Pflanze 1,5 m²
Pflegen: im Frühling in Lehmkügelchen gekneteten Dünger oder Langzeitdünger (z. B. Hornspäne) in die Erde der Körbe drücken; gelbe Blätter oder Blätter mit Fraßspuren entfernen; im Herbst absinkende Blätter entfernen; winterhart
Gestalten: natürlich entstandene Hybride aus den USA attraktive Farbe und bestechend guter Duft

Knollige Seerose

Nymphaea tuberosa 'Richardsonii'

Blütendurchmesser: 12–13 cm
Blütezeit: Juni–September
Wassertiefe: 65–90 cm

Aussehen: Blätter fast kreisrund, 20–35 cm, Blattstiele rot gestreift; Blüten reinweiß, sehr edel geformt, wirken wie gefüllt, gelbe Staubblätter, etwas erhöht über der Wasseroberfläche, Blüte nur vom Vormittag bis frühen Nachmittag geöffnet
Pflanzen: ab Mai bis Mitte Juni; in Pflanzkörbe (mindestens 5–10 Liter Inhalt) oder direkt in den Bodengrund; pro Pflanze 2 m²
Pflegen: im Frühling in Lehmkügelchen gekneteten Dünger oder Langzeitdünger (z. B. Hornspäne) in die Erde der Körbe drücken; gelbe Blätter oder Blätter mit Fraßspuren entfernen; im Herbst absinkende Blätter entfernen; sehr wüchsige Sorte, kann leicht geteilt werden; winterhart
Gestalten: wirkt sehr edel, ohne Begleiter auf offenen Wasserflächen

Weitere winterharte Seerosen-Sorten

Name	Wassertiefe	Blütenfarbe Durchmesser
'Amabilis'	50–80 cm	zartrosa 16–17 cm
'Berthold'	40 cm	zart- bis intensivrosa 7–9 cm
'Chrysantha'	ab 20 cm	gelb bis orange 6–8 cm
'Colonel A.J. Welch'	100–200 cm	kanariengelb 20 cm
'Exquisita'	50–80 cm	korallenrosa 13 cm
'Fritz Junge'	50–80 cm	pfirsichrosa 18 cm
'Froebelii'	25–50 cm	karminrot 8–10 cm
'Gladstoniana'	80–200 cm	reinweiß 20 cm
'Hollandia'	80 cm und tiefer	rosarot 20 cm
'James Brydon'	50–80 cm	kirschrot 14 cm
'Lily Pons'	40–80 cm	rosa, gefranst 15 cm
'Marliacea Carnea'	50–80 cm	weiß 18 cm
'Moorei'	25–50 cm	hellgelb 10–15 cm
'Newton'	50–80 cm	zinnoberrot 10–12 cm
'Perry's Dwarf Red'	40–60 cm	kirschrot 10 cm
'Pink Porcelain'	50 cm	zartrosa 15 cm
'Sunny Pink'	80–100 cm	pfirsichfarben 20 cm
'Walter Pagels'	20–50 cm	cremeweiß 10 cm

Seerosen für kleine Teiche und Kübel

Weiße Seerose
Nymphaea alba var. *minor*

Blütendurchmesser: 4–16 cm
Blütezeit: Juni–September
Wassertiefe: 40–70 cm

Aussehen: eine kleine Form von *N. alba*; Blätter kreisrund, kräftig grün; Blüte reinweiß, öffnet sich vormittags (10.00 Uhr) bis zum Nachmittag; Früchte werden am schraubig eingedrehten Stiel zu Boden gezogen
Pflanzen: ab Mai bis Mitte Juni; in Pflanzkörbe oder direkt in den Bodengrund eines Kübels; entwickelt sich besser in etwas tieferem Wasser (ab 50 cm)
Pflegen: im Frühling in Lehmkügelchen gekneteten Dünger oder Langzeitdünger (z. B. Hornspäne) in die Erde der Körbe drücken; gelbe Blätter oder Blätter mit Fraßspuren entfernen; im Herbst absinkende Blätter entfernen; mäßig wüchsig; winterhart
Gestalten: die Schmuckwirkung liegt vor allem im Blattwerk; weniger Blüten als bei der Art

Kleine(Glänzende) Seerose
Nymphaea candida

Blütendurchmesser: 8–10 cm
Blütezeit: Juni–August
Wassertiefe: 25–50 cm

Aussehen: dunkelgrüne, runde Blätter (20 cm Durchmesser); Blüten weiß, heben sich einige Zentimeter über die Wasseroberfläche, öffnen sich nicht so weit wie bei anderen Seerosen, Narbenspitzen rot
Pflanzen: ab Mai bis Mitte Juni; in Pflanzkörbe (ca. 5 Liter) oder direkt in den Bodengrund eines Kübels; verträgt auch etwas tieferes (50–80 cm) und kühles Wasser
Pflegen: im Frühling in Lehmkügelchen gekneteten Dünger oder Langzeitdünger (z. B. Hornspäne) in die Erde der Körbe drücken; gelbe Blätter oder Blätter mit Fraßspuren entfernen; im Herbst absinkende Blätter entfernen; relativ wüchsig, daher muss sie in Zierteichen gut kontrolliert werden; winterhart
Gestalten: die kleinen Blüten kommen am besten in der Nähe eines Betrachters zur Geltung, wo sie hell zwischen den Blättern leuchten

Seerose
Nymphaea x *pygmaea* 'Helvola'

Blütendurchmesser: 2,5 cm
Blütezeit: Juni–September
Wassertiefe: 20–25 cm

Aussehen: nicht winterharte Seerose; Blätter dunkel-olivgrün, rot bis rotbraun streifig und gefleckt; Blüte sternförmig, hellgelb
Pflanzen: ab Mai bis Mitte Juni; in Pflanzkörbe oder direkt in den Bodengrund eines Kübels
Pflegen: im Frühling in Lehmkügelchen gekneteten Dünger oder Langzeitdünger (z. B. Hornspäne) in die Erde der Körbe drücken; gelbe Blätter oder Blätter mit Fraßspuren entfernen; schwachwüchsig; überwintern in einem frostfreien hellen Raum (nicht beheiztes Gewächshaus, Wintergarten)
Gestalten: eine der besten Seerosen für die Anzucht im Kübel; achten Sie bei der Kombination mit anderen Kübelpflanzen darauf, dass die gelben Blüten gut zur Geltung kommen – z. B. durch Kombination mit blau blühenden Stauden am Ufer

sonnig | halbschattig | schattig | viel gießen | mäßig gießen

Seerose
Nymphaea x laydekeri (Sorten)

Blütendurchmesser: ca. 10 cm
Blütezeit: Juni–September
Wassertiefe: 25–50 cm

Aussehen: Blätter mehr elliptisch als rund, bei 'Purpurata' zunächst rötlich, später dunkelbraun; Blüten hell-lilarosa, innen dunkler ('Lilacea') oder kräftig dunkelrot mit weißen Zeichnungen ('Purpurata'), Blüten tassenförmig geöffnet, duftend; abgebildet ist die Sorte 'Lilacea' (auch 'Lilacina')
Pflanzen: ab Mai bis Mitte Juni; in Pflanzkörbe oder direkt in den Bodengrund eines Kübels
Pflegen: im Frühling in Lehmkügelchen gekneteten Dünger oder Langzeitdünger (z. B. Hornspäne) in die Erde der Körbe drücken; gelbe Blätter oder Blätter mit Fraßspuren entfernen; schwachwüchsig
Gestalten: alle Sorten sehr blühwillig, bestens für flache Zierteiche oder Kübel auf der Terrasse geeignet

Vierkantige Seerose
Nymphaea tetragona

Blütendurchmesser:2,5 cm
Blütezeit: Juni–September
Wassertiefe: 10–25 cm

Aussehen: Blätter dunkelgrün, bis 17 cm Durchmesser; Blüten sternförmig, reinweiß, duftend, die Basis der Knospen ist deutlich vierkantig
Pflanzen: ab Mai bis Mitte Juni; in Pflanzkörbe oder direkt in den Bodengrund eines Kübels; Jungpflanzen 19 cm, ausgewachsene 25 cm tief
Pflegen: im Frühling in Lehmkügelchen gekneteten Dünger oder Langzeitdünger (z. B. Hornspäne) in die Erde der Körbe drücken; gelbe oder Blätter mit Fraßspuren entfernen; schwachwüchsig; winterhart; samt sich in geeigneten Teichen selbst aus
Gestalten: die zierlichste Seerose, die sogar noch in flachen Schalen wächst (dann aber nicht im Freien überwintern)

Expertentipp

Im Handel wird diese Art auch als Nymphaea x pygmaea 'Alba' angeboten.

Sternseerose
Nymphaea stellata

Blütendurchmesser: 5–10 cm
Blütezeit: Juni–Juli
Wassertiefe: 30–60 cm

Aussehen: nicht winterharte, tropische Seerose; Blätter länglich, sattgrün; Blüten sternförmig mit schmalen, spitz zulaufenden Blütenblättern, stehen auf langen Stielen über der Wasseroberfläche, blassblau bis lila mit fahlgelben Staubblättern
Pflanzen: nur an sonnigen Standorten und in Wasser, das über 20 °C warm ist (Zierteiche ggf. sogar mit Heizschlangen, um die Wassertemperatur zu halten); ab Mai in Pflanzkörbe mit Lehm, Sand und Torfmull pflanzen; Jungpflanzen kommen mit geringer Wassertiefe aus
Pflegen: im Frühling in Lehmkügelchen gekneteten Dünger oder Langzeitdünger (z. B. Hornspäne) in die Erde der Körbe drücken; gelbe oder Blätter mit Fraßspuren entfernen; im Herbst aus dem Becken nehmen und kühl überwintern (10–15 °C)
Gestalten: am besten in Wintergärten oder auf besonnten Terrassen

Stars im flachen Wasser

Schwanenblume

Butomus umbellatus

Höhe/Breite: 50–100 cm/ 30–40 cm
Blütezeit: Juni–Juli
Wassertiefe: 0–30 cm

Aussehen: Staude; grasartige Polster; Blätter dreikantig, bis 1 cm breit, grasartig; Blüten in einer Dolde auf blattlosem Stängel, weiß bis rosa, dunkler geadert
Pflanzen: ab Mai; von der Sumpfzone bis ins flache Wasser hinein, im Sumpf direkt, auf Tiefenstufe im Korb; braucht nährstoffreichen Boden, kommt aber mit breitem Spektrum an Härtegraden zurecht
Pflegen: im Frühling auslichten und ggf. teilen, falls sie zu stark wuchert
Gestalten: in kleinen Gruppen vor der Röhrichtzone pflanzen, damit die Blüten zur Geltung kommen

Gute Partner

- *Froschlöffel* • *Kalmus*
- *Pfeilkraut* • *Sumpfschwertlilien*

Schlangenwurz, Sumpfkalla

Calla palustris

Höhe/Breite: 15–20 cm/15–20 cm
Blütezeit: (Mai)Juni–Juli
Wassertiefe: 0–20 cm

Aussehen: Blätter treiben direkt aus dem kriechenden Rhizom aus, keine ausgeprägten Stängel; Blätter lang gestielt, rundlich bis herzförmig, ca. 10 cm breit; Blüten in einem gelblich-grünen Kolben, Schmuckwert hat das schneeweiße Hochblatt; rote Beeren im Herbst (giftig)
Pflanzen: ab Ende April; Rhizom flach auf das Substrat legen (wuchert kaum, kein Pflanzkorb erforderlich) und mit flachem Stein beschweren
Pflegen: pflegeleicht; abgestorbene Blätter entfernen, Rhizom bei Bedarf kürzen (damit gleichzeitig Vermehrung); kann im Winter absterben
Gestalten: interessante Pflanze für den Übergang zwischen Sumpf und Flachwasser; mit heimischen Pflanzen kombinieren (Bachbunge, Felberich, Fieberklee)

Wasserfeder

Hottonia palustris

Höhe/Breite: 20–40 cm/rasenartig
Blütezeit: Juni–Juli
Wassertiefe: 0–40 cm

Aussehen: wintergrün; Spross und Blätter bleiben unter Wasser; Blüten an kahlen Stielen bis 40 cm über der Wasseroberfläche, weiß bis zartrosa in entfernt stehenden Quirlen
Pflanzen: ab Ende April/Mai; verträgt etwas Schatten; braucht unbedingt weiches Wasser und möglichst saures Substrat (Moorpflanze)
Pflegen: wuchert nur mäßig; sollte ein Rückschnitt (Frühling) erforderlich sein, auf Tiere achten, die zwischen den Blättern Schutz suchen
Gestalten: die im Winter grünen Blätter bieten einen hübschen Anblick im Teich; gut für Moorbeete zwischen Froschlöffel und Pfeilkraut

Expertentipp

Kann sich in die Sumpfzone ausbreiten und Landformen bilden (auch bei fallendem Wasserstand).

Bachminze, Wasserminze
Mentha aquatica

Höhe/Breite: 20–50 cm/Ausläufer
Blütezeit: Juli–September
Wassertiefe: 0–15 cm

Aussehen: sommergrüne Staude; bildet Ausläufer, die bis ins Wasser wachsen können; Blätter gegenständig, eiförmig zugespitzt, manchmal rot überlaufen; Blüten in dichten, köpfchenförmigen Quirlen, rosa bis purpurn
Pflanzen: ab Ende April/Mai; vor allem in kleineren Wassergärten möglichst in feste Pflanzkörbe setzen; mäßig nährstoffreiches Substrat, aber breites Spektrum von Wasserhärten
Pflegen: wuchert relativ stark über die Ausläufer, die daher regelmäßig abgeschnitten werden müssen (über bewurzelte Abschnitte ist eine Vermehrung möglich)
Gestalten: kann ohne die Einschränkung durch eine Wurzelbarriere Teichränder begrünen; in kleineren Wassergärten im Pflanzkorb mit Gauklerblume, Schwertlilien oder Blut-Weiderich kombinieren

Fieberklee
Menyanthes trifoliata

Höhe/Breite: 15–30 cm/Ausläufer
Blütezeit: Mai–Juni
Wassertiefe: 0–30 cm

Aussehen: sommergrüne Staude; kriechendes Rhizom, das sich auch ins Wasser erstrecken kann; Blätter lang gestielt, auffallend dreigeteilt, aber deutlich größer als Klee; Blüten schneeweiß mit lang ausgefransten Rändern, in Trauben, Knospen rosa
Pflanzen: ab Mai; optimal ist nicht zu nährstoffreiches Substrat und weiches, leicht saures Wasser (Moorpflanze); in den Sumpfbereich pflanzen, breitet sich von hier aus
Pflegen: pflegeleicht; Ausbreitung der Ausläufer im Auge behalten, ggf. bewurzelten Abschnitt abschneiden und ab Mai/Juni neu einpflanzen
Gestalten: äußerst attraktive Sumpf- und Flachwasserpflanze

Gute Partner

- *Froschlöffel*
- *Kalmus*
- *Teichsimse*

Zungen-Hahnenfuß
Ranunculus lingua

Höhe/Breite: 60–150 cm/Ausläufer
Blütezeit: Juni–Juli
Wassertiefe: 0–40 cm

Aussehen: Staude, die unter dem Eis grün bleibt; Stängel aufrecht, Ausläufer hohl; Blätter zungenförmig schmal, zugespitzt, ganzrandig bis gezähnt; Blüten glänzend, dottergelb, 2–4 cm Durchmesser
Pflanzen: ab Ende April/Mai; mäßig nährstoffreiches Substrat; verträgt breites Spektrum an Wasserhärten; wegen der starken Ausdehnung in Pflanzkörbe setzen, in großen Teichen an Stein binden und absenken
Pflegen: sehr robuste Pflanze, muss allerdings wegen ihrer Wüchsigkeit regelmäßig kontrolliert werden; Ausläufer komplett entfernen, da sie auch aus Bruchstücken austreiben
Gestalten: natürlicher Ufer- und Flachwasserbewuchs zwischen Röhricht (Rohrkolben), Hechtkraut, Fieberklee und Uferpflanzen der Feuchtzonen (z. B. Mädesüß, Blut-Weiderich)

Die Natur lässt grüßen

Kalmus

Acorus calamus

Höhe/Breite: 80–100 cm/Ausläufer
Blütezeit: Juli–August
Wassertiefe: 0–25 cm

Aussehen: sommergrüne Staude mit dickem Rhizom; Blätter schwertförmig, steif aufrecht, kräftig ausgeprägte Mittelrippe, die Sorte 'Variegatus' hat längs gestreifte Blätter; winzige Blüten in seitlich stehenden, gelbgrünen Kolben
Pflanzen: ab Ende April/Mai; nährstoffreiches Substrat; in kleinen Wassergärten nur im Pflanzkorb einsetzen, um die wuchernden Ausläufer kontrollieren zu können; verträgt auch schwach fließende Gewässer
Pflegen: pflegeleicht; abgestorbene Blätter entfernen; Ausläufer regelmäßig eindämmen
Gestalten: an Bachläufen als ungewöhnliche Uferpflanze, nicht für kleine Wassergärten geeignet

Gute Partner

- *Simse*
- *Zwerg-Rohrkolben*

Gewöhnlicher Froschlöffel

Alisma plantago-aquatica

Höhe/Breite: 20–90 cm/30–40 cm
Blütezeit: Juni–September
Wassertiefe: 0–25 cm

Aussehen: sommergrüne, horstig wachsende Staude; Blätter bis 40 cm über der Wasseroberfläche, lang gestielt, löffelförmig (Wasserblätter bandförmig); Blüten an nackter, sehr lockerer Rispe (bis 40 cm hoch), weiß; schwach giftig (Milchsaft)
Pflanzen: ab Ende April/Mai; nährstoffreiches Substrat; verträgt breites Spektrum an Wasserhärten; kann auch in kleineren Wassergärten direkt ins Substrat gepflanzt werden
Pflegen: erst im Frühling zurückschneiden; breitet sich auch durch Samen aus (Blütenstände abschneiden, falls das nicht gewünscht wird)
Gestalten: vielseitig verwendbar im Übergangsbereich zwischen Röhricht und Wasser, z. B. neben Zwerg-Rohrkolben mit Schwanenblume und Schwertlilien; die trockenen Blüten-/Fruchtstände bilden auch im Winter hübsche Blickfänge

Tannenwedel

Hippuris vulgaris

Höhe/Breite: 20–40 cm/Ausläufer
Blütezeit: Juni–August
Wassertiefe: 10–30 cm

Aussehen: sommergrüne Staude; im tieferen Wasser lange, weiche Unterwasserblätter, im Flachwasser aufrechte Triebe mit nadelförmigen Blättchen; Blüten unscheinbar und nicht ins Auge fallend
Pflanzen: ab Ende April/Mai; mäßig nährstoffreiches Substrat und breites Spektrum von Wasserhärten wird vertragen; wegen der stark wuchernden Ausläufer in Pflanzkörbe setzen oder Wurzelsperre anlegen
Pflegen: pflegeleicht; die wichtigste Arbeit ist das regelmäßige Abschneiden der Ausläufer (bewurzelte Stücke zur Vermehrung)
Gestalten: die dicht an dicht stehenden Triebe machen den Tannenwedel zu einem interessanten Element des Flachwasserbereiches – vor dem Röhricht, aber auch um Folien und Filtertonnen zu verstecken

sonnig · halbschattig · schattig · viel gießen · mäßig gießen

Brunnenkresse
Nasturtium officinale

Höhe/Breite: 10–30 cm/50–60 cm
Blütezeit: Mai–September
Wassertiefe: 0–15 cm

Aussehen: meist immergrüne Staude mit polsterförmigem Wuchs; Stängel reich verzweigt; Blätter rundlich bis oval, frischgrün; Blüten in dichten Dolden, weiß bis helllila
Pflanzen: ab Ende April/Mai; nährstoffreiches, sandiges Substrat; breites Spektrum von Wasserhärten; braucht kühles, sauberes, möglichst fließendes Wasser, daher am besten am Rand von Bachläufen pflanzen
Pflegen: pflegeleicht; bleibt relativ kompakt, gelegentlich auslichten; Vermehrung über bewurzelte Triebe
Gestalten: sehr natürlich aussehende Bachrandpflanze; wirkt weniger durch die Blüten als die frischen, kompakten Blattpolster

Expertentipp

Die Blätter sind reich an Vitamin C und passen bestens in Wildkräutersalate und Suppen.

Bachbunge
Veronica beccabunga

Höhe/Breite: 120–30 cm/Polster
Blütezeit: April–Juli
Wassertiefe: 0–15 cm

Aussehen: sommergrüne Staude; niederliegende bis aufrechte Stängel, die sich an den Knoten bewurzeln; Blätter eiförmig, etwas ledrig; Blüten in lockeren Rispen, hell- bis dunkelblau
Pflanzen: ab Ende April/Mai; benötigt nährstoffreichen, möglichst kalkhaltigen Boden, verträgt aber ein breites Spektrum an Wasserhärten; in kleinen Anlagen mit Wurzelsperre, an Bachrändern in den Uferbereich pflanzen
Pflegen: pflegeleicht; allenfalls wuchernde Triebe abschneiden; wird das Verblühte abgeschnitten, kommt es zur Nachblüte
Gestalten: hübsche Dekoration im Quellbereich eines Baches, wo sie den Wasserausfluss rasch überwuchert; auch um Folienränder und Kapillarsperre zu verdecken

Weitere Pflanzen für das Flachwasser

Name	Wuchsform	Blütenfarbe Blütezeit
Lanzettblättriger Froschlöffel (*Alisma lanceolatum*)	Horst	weiß Juli–August
Binsen-Schneide (*Cladium mariscus*)	Ausläufer (extrem)	braun Aug.–Sept.
Sumpfsimse (*Eleocharis palustris*)	Polster (extrem wuchernd)	braun Mai–August
Schachtelhalm (*Equisetum hyemale*)	Ausläufer (extrem)	braun ab Mai
Gottes-Gnadenkraut (*Gratiola officinalis*)	Polster (stark wuchernd)	rosa Juni–August
Eidechsenschwanz (*Houttaynia cordata*)	Ausläufer	weiß Juni–August
Blaue Schwertlilie (*Iris laevigata*)	Horst	blau Juni–Juli
Sumpf-Hornklee (*Lotus uliginosus*)	Polster	rot, später gelb Juni–Juli
Straußblütiger Gilbweiderich (*Lysimachia thyrsiflora*)	Ausläufer (stark)	gelb Mai–Juni
Affenblume (*Mimulus ringens*)	Ausläufer (mäßig)	blau Juli–August
Hechtkraut (*Pontederia cordata*)	Ausläufer (schwach)	blau Juni–September
Sumpfblutauge (*Potentilla palustris*)	schwimmende Ausläufer (stark)	rot Mai–Juni
Schmales Pfeilkraut (*Sagittaria sagittifolia*)	Ausläufer (stark)	weiß und violett Juli
Zwerg-Igelkolben (*Sparganium natans*)	Ausläufer (mäßig)	grün Juni–September
Sumpffarn (*Thelypteris palustris*)	Ausläufer (mäßig)	Farngewächs

Schilf und Röhricht

Steife Segge
Carex elata

Höhe/Breite: 60–100 cm/60–80 cm
Blütezeit: April–Mai
Wassertiefe: 0–15 cm

☼ ◑ ●

Aussehen: mehrjähriges Gras, winterhart; Polster mit steif aufrechten Blättern, scharfrandig; kompakte grüne Ähren
Pflanzen: ab Ende April/Mai; mäßig nährstoffreiches Substrat; verträgt breites Spektrum an Wasserhärten; bildet aber große Bulten
Pflegen: kann sich durch Samen stark verbreiten; um die Segge einzudämmen, Fruchtstände bereits Ende Mai abschneiden
Gestalten: für große Naturteiche eine schöne Bereicherung der Röhrichtzone; auch für die biologische Reinigung von Schwimmteichen; Gartencenter bieten häufig die kleinere (60 cm) und noch etwas dekorativere Sorte 'Bowles Golden' an

Expertentipp

Fragen Sie im Fachgeschäft auch nach anderen Seggen-Arten für den Uferrand und die Sumpfzone.

Hohes Zypergras
Cyperus longus ssp. *longus*

Höhe/Breite: bis 100 cm/Ausläufer
Blütezeit: Juni–Juli
Wassertiefe: 10–25 cm

☼

Aussehen: winterhartes Gras, Ausläufer treibend; Blätter palmenartig ausgebreitet; Blüten braun in großen Rispen
Pflanzen: ab Ende April/Mai; nährstoffreiches Substrat; verträgt breites Spektrum an Wasserhärten; in kleineren Teichen besser in einen Pflanzkorb setzen
Pflegen: obwohl es gewöhnlich winterhart ist, wird in raueren Regionen Winterschutz empfohlen (zusammenbinden und mit Reisig abdecken); nach dem Winter die erfrorenen Triebe abschneiden
Gestalten: wirkt prachtvoll als Solitär, etwas entfernt von anderen Röhrichtpflanzen; idealer Partner von Rohrkolben

Expertentipp

Für kleinere Teiche eignet sich das nicht winterharte, kleinere Zypergras Cyperus gracilis.

Wasser-Schwaden
Glyceria maxima 'Variegata'

Höhe/Breite: 50–70 cm/Ausläufer
Blütezeit: Juli–September
Wassertiefe: 0–15 cm

☼

Aussehen: ausdauerndes, sehr wüchsiges Gras, bildet dichte Horste, mit starker Ausläuferbildung, winterhart; Blätter schmal, längs weiß-grün gestreift; Rispen bis 120 cm hoch, grünlich-braun
Pflanzen: ab Ende April/Mai; nährstoffreiches Substrat; verträgt breites Spektrum an Wasserhärten; nur in sehr große Naturteiche oder in Schwimmteiche direkt pflanzen, sonst mit Wurzelbarriere oder in Pflanzkörben einsetzen
Pflegen: regelmäßig den Zuwachs begrenzen; nach dem Winter erfrorene Blätter abschneiden
Gestalten: sehr dekorative Blattpflanze; als Solitär in großen Kübeln für den Terrassen-Wassergarten oder als Farb- und Formkontrast zwischen anderen Röhrichtpflanzen; die Art eignet sich nur als Uferbefestigung (wuchert extrem stark)

Gewöhnliche Teichsimse

Schoenoplectus (Scirpus) lacustris

Höhe/Breite: 1–2 m/Ausläufer
Blütezeit: Juli–September
Wassertiefe: 10–60 cm

Aussehen: Sauergras mit stark ausgeprägter Ausläuferbildung, winterhart; dunkelgrüne, fingerdicke, rund geschlossene Blätter, die nach außen überhängen; Blüten dunkelbraun
Pflanzen: ab Ende April/Mai; nährstoffreiches Substrat; verträgt breites Spektrum an Wasserhärten; unbedingt mit Wurzelsperre oder in Pflanzkorb setzen; sehr variabel in Bezug auf die Wassertiefe, kommt auch in Tiefen über 1 m zurecht
Pflegen: Zuwachs begrenzen (auch auf der Wasserseite), gelegentlich ausputzen
Gestalten: in üblichen Gartenteichen als eine Röhrichtpflanze neben anderen, in großen Teichen als biologische Kläranlage

Gute Partner

- *Rohrkolben* • *Schilf (Phragmites)* • *Schwertlilien*

Ästiger Igelkolben

Sparganium erectum

Höhe/Breite: 60–80 cm/Ausläufer
Blütezeit: Mai–Juli
Wassertiefe: 0–30 cm

Aussehen: sommergrüne Rhizomstaude mit starker Ausläuferbildung, winterhart; aufrechte, kräftige Stängel mit grasartig schmalen, steifen Blättern; Blütentriebe verzweigt, seitlich herausragend und vom Laub überragt, in kugeligen, grünlichen Blütenständen, oberster Ast oft mit ausschließlich männlichen Blüten
Pflanzen: ab Ende April/Mai; nährstoffreiches Substrat, kalkhaltig, verträgt aber relativ breites Spektrum von Wasserhärten; nur in größeren Teichen direkt, sonst mit Wurzelbarriere oder in Pflanzkübel setzen
Pflegen: wächst rasch zu dichtem Bestand, daher regelmäßig Ausläufer abschneiden; im Frühling erfrorene Triebe und Blätter abschneiden
Gestalten: bildet einen sehr natürlichen Übergang zwischen dem Röhricht (neben Rohrkolben) und dem Flachwasser

Zwerg-Rohrkolben

Typha minima

Höhe/Breite: 40–60 cm/Ausläufer
Blütezeit: Mai–Juni
Wassertiefe: 0–15 cm

Aussehen: winterharte Staude; zierlicher Wuchs mit bandartig schmalen Blättern, innen flach, Außenseite halbrund; weibliche Blüten in einem kugeligen, dunkelbraunen Kolben, männliche Ähre mit den Staubblättern schmaler, hinfällig
Pflanzen: ab Ende April/Mai; nährstoffarmes Substrat und kalkreiches, hartes Wasser; wuchert nur mäßig, kann daher auch in mittelgroßen Teichen direkt in die Sumpfzone gepflanzt werden; in kleinen Teichen besser in Pflanzkorb setzen
Pflegen: pflegeleicht; Ausbreitung der Ausläufer kontrollieren
Gestalten: anders als bei den großen Arten gehen die dunkelbraunen Kolben bereits im September verloren; in kleinen Wassergärten der beste Ersatz für »echten« Rohrkolben (zu Bachbunge, Froschlöffel oder Felberich); auch als Solitär im Kübel

Die schönsten Pflanzen für die Sumpfzone

Die Sumpfzone bildet den Übergang zwischen freiem Wasser und festem Land. Hier siedeln sowohl die eher landgebundenen als auch die stärker ans Wasser angepassten Stauden. Sowohl in der Natur als auch im »künstlichen« System eines Gartenteiches zeigt sich hier eine große Vielfalt an Blütenfarben, -formen und -größen. Der vielleicht größte Vorzug für den Gärtner liegt jedoch darin, dass sich Sümpfe auch gänzlich ohne Teiche und somit völlig ungefährlich für Kinder herstellen lassen.

Der Übergang zwischen dem Flachwasserbereich und der Sumpfzone ist fließend. Sie beginnt bei etwa 10 cm Wassertiefe und reicht ungefähr 10 cm über die Wasseroberfläche. Der Boden ist ständig feucht bis nass, trocknet in der Natur gelegentlich aber auch aus. Bei niedrigem pH-Wert gleichen die Bedingungen einem sauren Torfmoor, bei höherem pH einem mehr kalkhaltigem Sumpf. Die Sumpfzone kann an der Kapillarsperre direkt in den trockneren Uferrandbereich übergehen.
Eine Pflanzenauswahl für die Sumpfzone vorzustellen ist besonders schwierig, denn die Auswahl ist naturgemäß groß. Die im Folgenden aufgeführten Beispiele sollen Ihnen daher nur Anregungen liefern – die endgültige Gestaltung Ihrer Sumpfzone bleibt Ihnen überlassen.

Perfekt angepasst!

Die Stauden der Sumpfzone haben sich mit den Bedingungen ihres Lebensraums arrangiert:

- Zur besseren Durchlüftung sind ihre Organe mit weiten Luftkanälen durchzogen. Die Stängel vieler Pflanzen zeigen im Querschnitt ein lockeres, fast schwammartiges Gewebe.
- Die Blätter haben Spaltöffnungen, sind vor Verdunstung geschützt und gleichen damit den Blättern normaler Landpflanzen.
- Viele Sumpfpflanzen bilden, ähnlich wie ihre Nachbarn aus der Flachwasserzone, aggressiv kriechende Wurzelstöcke oder Ausläufer, die z. T. bis ins Flachwasser hinein wachsen. Halten Sie die besonders wüchsigen Arten durch Wurzelsperren oder Pflanzkübel im Zaum – das beugt Ärger und Arbeit vor.

Bei den Pflanz- und Pflegearbeiten in der Sumpfzone ist übrigens besondere Vorsicht geboten, denn die spitze Zinke einer Hacke ist schnell durch die flach lagernde Folie gedrungen und hat ein Loch gerissen.

Frühblüher im Sumpf

Sumpfdotterblume
Caltha palustris

Höhe/Breite: 20–30 cm/40–50 cm
Blütezeit: März–Juni
Wassertiefe: bis 20 cm

Aussehen: sommergrüne, horstig wachsende Staude; fleischige Stängel; Blätter herzförmig, sattgrün, gezähnt; goldgelbe, einzeln stehende Schalenblüten mit 5 Blütenblättern; schwach giftig
Pflanzen: ab April; Boden möglichst lehmhaltig und nährstoffreich, kommt aber auch mit mäßig nährstoffreichem Boden zurecht; kaum Ansprüche an die Wasserhärte; mit Wasserkontakt ins Substrat pflanzen
Pflegen: wüchsig, problemlos; alle paar Jahre teilen; wenn Sumpfdotterblumen auseinander fallen (lange Triebe), ist der Standort zu dunkel
Gestalten: gehört zu den ersten Stauden, die Farbe an Teiche und Bäche bringen, daher den Standort so wählen, dass er auch vom Fenster aus zu sehen ist; zwischen Röhricht, neben Sumpfvergissmeinnicht oder Primeln

Sumpf-Wolfsmilch
Euphorbia palustris

Höhe/Breite: 60–100 cm/80–100 cm
Blütezeit: April–Juni
Wassertiefe: bis 10 cm

Aussehen: horstig wachsende, sommergrüne Staude; aufrechte, verzweigte Stängel, im Herbst purpurrot; Blätter länglich-oval, frischgrün, im Herbst mit rot überlaufenen Blatträndern; Blüten klein mit auffallend gelben Hochblättern; aus der gesamten Pflanze tritt bei Verletzung giftiger Milchsaft aus
Pflanzen: ab April; Boden möglichst tiefgründig, mäßig nährstoffreich; keine großen Ansprüche an die Wasserhärte; ins Substrat pflanzen mit Kontakt zum Wasser
Pflegen: wüchsig, gelegentlich teilen (Handschuhe tragen)
Gestalten: wenn möglich als Solitär im Uferbereich einsetzen; so platzieren, dass die ungewöhnliche Herbstfärbung gut zur Geltung kommt

Sumpfschwertlilie
Iris pseudacorus

Höhe/Breite: 80–100 cm/30–40 cm
Blütezeit: Mai–Juli
Wassertiefe: bis 20 cm

Aussehen: sommergrüne, horstig wachsende Rhizomstaude, kriechendes Rhizom; Stängel aufrecht, fleischig; Blätter schwertförmig, etwas steif; mehrere, große, gelbe Blüten am Stängelende; schwach giftig
Pflanzen: ab April/Mai; Rhizom in größeren Teichen direkt ins Substrat setzen, möglichst nährstoffreich; breites Spektrum an Wasserhärten; kann sich ins Flachwasser ausbreiten; in kleinen Teichen besser in Pflanzkörbe (Rhizom wandert)
Pflegen: gewähren lassen; bei Exemplaren, die sich zu sehr ausbreiten, Rhizome teilen und neu pflanzen; auch aus Samen zu vermehren
Gestalten: sowohl für die Sumpfzone als auch den Flachwasserbereich (neben Zungenhahnenfuß oder Froschlöffel) zu verwenden; die relativ großen, hoch stehenden Blüten sind auch aus der Ferne zu sehen

sonnig | halbschattig | schattig | viel gießen | mäßig gießen

Märzenbecher
Leucojum vernum

Höhe/Breite: 20 cm/10–15 cm
Blütezeit: Februar–April
Wassertiefe: bis Wasserrand

Aussehen: Zwiebelpflanze; Blätter schmal, saftig grün; Blüten glockenförmig, nickend (1,5 cm Durchmesser), weiß mit grünen Flecken auf den Zipfeln, duftend
Pflanzen: Zwiebeln im Spätsommer bis Herbst eingraben, mit 10 cm Abstand; vom Randbereich bis in direkte Nähe des Ufers möglich, da sie auch etwas Staunässe vertragen; Boden lehmig, humushaltig
Pflegen: möglichst ungestört lassen; zur Blütezeit gelegentlich etwas Düngen
Gestalten: da die Einzelblüte unscheinbar ist, stets in Gruppen pflanzen; sehr hübsch als wucherndes Band in unterschiedlicher Breite, das zwischen Teichrand und Ufer vermittelt

Gelbe Scheinkalla
Lysichiton americanus

Höhe/Breite: 40–50 cm/30–40 cm
Blütezeit: Mai–Juni
Wassertiefe: bis 15 cm

Aussehen: sommergrüne Staude mit kriechendem Rhizom; Blüten in einem aufrechten Kolben, umgeben von einem großen, vorne offenen, weißen Hochblatt; die Blätter erscheinen erst später in einer Rosette; alle Pflanzenteile sind giftig
Pflanzen: ab Ende April/Mai; Boden tiefgründig, nährstoff- und humusreich; ideal ist lichter Schatten von Gehölzen; weiches bzw. leicht saures Wasser ist optimal, eine gewisse Wasserhärte wird aber toleriert
Pflegen: die im Sumpf stehenden Pflanzen sollten regelmäßig mit organischem Langzeitdünger versorgt werden; in den ersten Jahren durch Laub und Reisig vor Frost schützen
Gestalten: prachtvoll und exotisch in kleinen Gruppen; kann in Zierteichen die einzige Bepflanzung sein; auch für kleine Teiche mit ostasiatischem Flair

Sumpf-Veilchen
Viola palustris

Höhe/Breite: 5–12 cm/15–20 cm
Blütezeit: April–Juni
Wassertiefe: bis in den Sumpf

Aussehen: zierliche, sommergrune Staude, breitet sich mäßig über unterirdische Ausläufer aus; Blätter nierenförmig, breiter als lang; Blüten etwa 1,5 cm groß, blasslila bis lilarosa, nicht duftend
Pflanzen: ab April; direkt ins Substrat ohne direkten Kontakt zum Wasser; braucht sauren Moorboden (nicht für die Sumpfzone an Teichen mit hartem, kalkreichem Wasser)
Pflegen: keine Pflege erforderlich
Gestalten: in Sumpf- und Moorbeete, in den Randbereich von Sumpfzonen; in kleinen Gruppen pflanzen, damit die Blütenfarbe als Fläche zur Geltung kommt; auch in Terrassenkübel mit feuchter Moorerde

Expertentipp

Achten Sie darauf, dass die zierliche Pflanze von »Nachbarn« nicht überwuchert wird.

Sommerblüher im Sumpf

Zwerg-Mädesüß
Filipendula palmata 'Nana'

Höhe/Breite: 20–60 cm/40–50 cm
Blütezeit: Juli–August
Wassertiefe: bis an den Wasserrand

Aussehen: sommergrüne, lockere Staude; Stängel aufrecht, verzweigt; Blätter handförmig gefiedert; Blüten tiefrosa in lockeren Rispen, die aus der Entfernung »fedrig« wirken
Pflanzen: ab April; direkt ins Substrat pflanzen, nährstoffreich bis mäßig nährstoffreich, lehmig bis tonig; wenig anspruchsvoll an die Wasserhärte
Pflegen: Verblühtes abschneiden; Stängel im Herbst zurückschneiden; alle paar Jahre teilen
Gestalten: keine ausgesprochene Teichpflanze, passt aber vom Charakter her gut in den Uferbereich (das heimische Mädesüß, *Filipendula ulmaria*, bildet dichte Bestände an Bachläufen); zu 2–3 Exemplaren an Bachläufen oder in Kombination mit rot blühenden Sommerblumen (Blut-Weiderich) an den Uferbereich im Übergang zum trockeneren Teichrand

Blut-Weiderich
Lythrum salicaria

Höhe/Breite: 70–120 cm/50–60 cm
Blütezeit: Juli–September
Wassertiefe: bis 20 cm

Aussehen: sommergrüne Staude, verholzender Wurzelstock, der keine Ausläufer bildet; Stängel aufrecht, vierkantig; Blätter schmal, am Grund abgerundet; Blüten purpurrot in 10–15 cm hohen, walzenförmigen Blütenständen
Pflanzen: ab April; direkt in mäßig nährstoffreiches Substrat; kann auch in einem Pflanzkorb ins Flachwasser zwischen Röhrichtpflanzen gesetzt werden; wenig anspruchsvoll an die Wasserhärte
Pflegen: Stängel im Frühling zurückschneiden, sonst anspruchslos
Gestalten: gute Wahl für den Hintergrund einer Sumpfzone oder eines Sumpfbeetes

Expertentipp

Die von dieser Art angebotenen Sorten eignen sich nicht alle für die direkte Nähe zum Wasser (beim Kauf nachfragen)!

Gelbe Gauklerblume
Mimulus luteus

Höhe/Breite: 30–40 cm/30–40 cm
Blütezeit: Juni–September
Wassertiefe: bis 10 cm

Aussehen: sommergrüne Staude, schwach Ausläufer treibend; Stängel niederliegend bis aufrecht; Blätter eiförmig-oval; Blüten zu mehreren am Stängelende, leuchtend gelb, roter Schlund, ungewöhnlich geformt
Pflanzen: ab April; direkt ins Substrat; ideal ist ein sonniger Platz mit kalkreichem Wasser/Boden, verträgt aber auch geringere Wasserhärte und etwas Schatten
Pflegen: pflegeleicht, da sie sich kaum ausbreitet; allerdings kann die Samenbildung zum Problem werden; zu dichte Bestände im Frühsommer auslichten
Gestalten: kontrastreich z. B. mit Blut-Weiderich oder blau blühenden Stauden im Randbereich oder farblich abgestimmt kombinieren

Akeleiblättrige Wiesenraute

Thalictrum aquilegifolium

Höhe/Breite: 80–120 cm/60–80 cm
Blütezeit: Mai–Juli
Wassertiefe: bis in den Sumpf

Aussehen: sommergrüne, üppig wachsende Staude; Stängel aufrecht, verzweigt; Blätter mehrfach gefiedert; Blüten winzig, sichtbar sind eigentlich nur die ca. 1 cm langen, zartrosa bis lilarosa Staubgefäße; großer, verzweigter Blütenstand, der sehr luftig-fedrig wirkt
Pflanzen: ab April; direkt ins Substrat, aber nicht in direkte Nähe zum Wasser, braucht feuchten, mäßig nährstoffreichen Boden; wenig anspruchsvoll an die Wasserhärte
Pflegen: pflegeleicht; im Herbst oder Frühling zurückschneiden
Gestalten: vom Einsatz an Teich und Bach sehr ähnlich dem Mädesüß, allerdings etwas mehr in den trockeneren Bereich verschoben; auch die Kombination der beiden ist möglich (Blütezeitstaffelung)

Langblatt-Ehrenpreis

Veronica longifolia

Höhe/Breite: 40–120 cm/ variabel
Blütezeit: (Juni)Juli–September
Wassertiefe: bis in den Sumpf

Aussehen: sommergrüne Staude; Stängel aufrecht, nicht oder wenig verzweigt; Blätter schmal-länglich, stark zugespitzt, am Rand gezackt; Blüten in bis 25 cm hohem, lockerem Blütenstand, oft verzweigt, hell- bis lilablau, Sorten auch weiß oder blau blühend
Pflanzen: ab April; direkt ins Substrat, nicht in direktem Kontakt mit dem Wasser. nährstoffreicher Boden
Pflegen: pflegeleicht; Verblühtes abschneiden, im Herbst oder Frühling zurückschneiden; alle zwei Jahre mit organischem Langzeitdünger versorgen, alle drei bis vier Jahre teilen
Gestalten: passt gut zu blau bis rot blühenden Sumpfstauden

Expertentipp

Die Pflanze ist jetzt unter dem Namen Pseudolysimachion longifolium ssp. longifolium im Handel.

Weitere Sommerstauden für den Sumpf

Name	Wuchsform	Blütenfarbe Blütezeit
Sumpf-Schafgarbe (*Achillea ptarmica*)	Ausläufer (mäßig stark)	weiß Juli–August
Rote Seidenpflanze (*Asclepias incarnata*)	horstig	violett Juli–September
Rotes Mädesüß (*Filipendula rubra*)	Ausläufer (mäßig stark)	rosarot Juli–August
Schwalbenwurz-Enzian (*Gentiana asclepiadea*)	horstig	blau Aug.–Sept.
Lungen-Enzian (*Gentiana pneumonanthe*)	horstig	blau Aug.–Sept.
Sumpfeibisch (*Hibiscus moscheutos*)	horstig	rosa bis rot Aug.–Sept.
Geflügeltes Johanniskraut (*Hypericum tetrapterum*)	horstig	gelb Juli–August
Japanische Sumpf-schwertlilie (*Iris*-Kaempferi-Hybriden)	horstig	viele Juni–Juli
Rote Lobelie (*Lobelia fulgens*)	horstig	rot Juli–August
Blaue Kardinals-lobelie (*Lobelia siphilitica*)	horstig	blau Juli–August
Gauklerblume (*Mimulus*-Hybriden)	Ausläufer (schwach)	gelb und rot, fleckig Juni–August
Tibet-Primel (*Primula florindae*)	horstig	gelb Juli–August

wenig gießen | Schnittblume | giftig | für Bachlauf geeignet

Herbstblüher im Sumpf

Schlangenkopf
Chelone obliqua

Höhe/Breite: 70–90 cm/40–50 cm
Blütezeit: Juni(Juli)–Oktober
Wassertiefe: bis in den Sumpf

Aussehen: sommergrüne Staude, bildet Ausläufer, ist aber nur mäßig wüchsig; Stängel aufrecht, kaum verzweigt; Blätter breit oval, zugespitzt, gezackter Rand, dunkelgrün; Blüten bis 2 cm lang, rosarot, erinnern in der Form an einen Schlangenkopf, bleiben lange stehen
Pflanzen: ab April; direkt ins nährstoff- und humusreiche Substrat; nicht in direktem Kontakt mit dem Wasser
Pflegen: in rauen Regionen Winterschutz erforderlich (Laub, Reisig), in milden Regionen kann die Pflanze bis zum Winter stehen bleiben
Gestalten: die großen Blüten und das kräftige Grün der Blätter machen den Schlangenkopf zu einem wertvollen Partner im Sumpfbeet

Gute Partner

- *Astern* • *hoher Phlox*
- *Sumpf-Wolfsmilch*

Wasserdost
Eupatorium cannabinum

Höhe/Breite: 100–140 cm/60–80 cm
Blütezeit: Juli–September
Wassertiefe: bis 10 cm

Aussehen: horstig wachsende, sommergrüne Staude; Stängel aufrecht, unverzweigt; Blätter 3–5-teilig, gezackt; Blütenköpfchen sehr klein, in dichten Doldentrauben, rosa bis kupferrot (selten auch weiß)
Pflanzen: ab April; direkt ins nährstoffreiche Substrat, bevorzugt leicht basische Böden, daher nicht für saure Moorbeete geeignet; verträgt zwar eine leichte Überflutung, sollte aber dennoch nicht direkt ans Wasser gepflanzt werden
Pflegen: pflegeleicht; als Wintervorbereitung zurückschneiden
Gestalten: wegen der Höhe besser in den Hintergrund; ideal für Naturteiche, die einen leicht verwilderten Eindruck machen sollen; Blütenfarbe unaufdringlich, aber auch aus der Entfernung noch gut zu sehen

Kardinalslobelie
Lobelia cardinalis

Höhe/Breite: 60–100 cm/40–50 cm
Blütezeit: Juli–September
Wassertiefe: bis 20 cm

Aussehen: sommergrüne Staude, schwachwüchsig; Stängel aufrecht, unverzweigt; Blätter länglich bis rund, oft rot überlaufen; Blüten leuchtend dunkelrot (»kardinalrot«)
Pflanzen: ab Ende April/Mai; möglichst nahe ans Wasser direkt ins Substrat pflanzen (die Wurzeln sollten sich ins Wasser ausbreiten dürfen); wenig anspruchsvoll an die Wasserhärte
Pflegen: Winterschutz ist notwendig, Abdecken mit Laub und Reisig; ins Flachwasser gewachsene Exemplare überstehen den Winter meist ohne Schutz; wüchsige Nachbarn gut eindämmen
Gestalten: wichtiger Spätblüher, dessen weit sichtbares Rot gut auf die Nachbarn abgestimmt werden sollte, z. B. vor spät blühenden Taglilien (gelb, orange-rot), Gräsern; als kleine Gruppe wie ein Solitär

sonnig | halbschattig | schattig | viel gießen | mäßig gießen

Polei-Minze
Mentha pulegium

Höhe/Breite: 20–30 cm/ Ausläufer
Blütezeit: Juli–September
Wassertiefe: bis 10 cm

Aussehen: sommergrüne Staude mit kriechenden Ausläufern, die rasenartige Polster bildet; Stängel aufrecht, selten niederliegend; Blätter hellgrün, eiförmig; Blüten in dichten Blütenständen in den oberen Blattachseln, rosa bis violett; die Pflanze duftet aromatisch, schwach giftig
Pflanzen: ab April; direkt ins mäßig nährstoffreiche Substrat; wenig anspruchsvoll an die Wasserhärte; in kleinen Sumpfzonen unbedingt mit Wurzelsperre pflanzen
Pflegen: pflegeleicht, winterhart; Ausbreitung eindämmen
Gestalten: kommt als Einzelpflanze nicht besonders zur Geltung, kleine Gruppen wachsen zu Duftrasen zusammen, die sich vom Wasser bis in den trockenen Bereich erstrecken; attraktiv als Kontrast zu den steifen Blättern der Schwertlilie

Sumpf-Vergissmeinnicht
Myosotis palustris

Höhe/Breite: 20–30 cm/20–30 cm
Blütezeit: Mai–September
Wassertiefe: bis 20 cm

Aussehen: sommergrüne Staude, schwache Ausläuferbildung; Stängel aufrecht, verzweigt; Blätter länglich, glänzend; Blüten himmelblau, gelbes Auge in lockeren Blütenständen
Pflanzen: ab April; in nährstoffreiches Substrat in direkter Nähe zum Wasser; wenig anspruchsvoll an die Wasserhärte; kann auch in den trockneren Bereich des Ufers gepflanzt werden
Pflegen: pflegeleicht; sät sich frei aus und kann sich dadurch wuchernd ausbreiten
Gestalten: gute Begleitstaude, sowohl z. B. für Schwertlilien und Sumpfdotterblumen in der feuchteren Zone als auch z. B. für Etagenprimeln in der trockeneren Zone

Expertentipp

Art und Sorten werden auch als Saatgut angeboten und können direkt ausgesät werden.

Sumpf-Herzblatt
Parnassia palustris

Höhe/Breite: 10–20 cm/20 cm
Blütezeit: Juli–September
Wassertiefe: bis in den Sumpf

Aussehen: sommergrüne Staude, horstiger, schwacher Wuchs; Stängel steif aufrecht, vierkantig; Grundblätter lang gestielt, herzförmig, nur ein Stängelblatt (kann auch fehlen); Blüten weiß, 1–3 cm groß; zwiebelartige Winterknospen
Pflanzen: ab April; direkt ins Substrat, nicht direkt ans Wasser; gedeiht nur optimal in nährstoffarmem Substrat
Pflegen: pflegeleicht; wüchsige Nachbarpflanzen unter Kontrolle halten
Gestalten: heimische Sumpfpflanze von eher unscheinbarem Aussehen; fügt sich allerdings bestens in spezielle Moorbeete zwischen niedrigen *Carex*-Arten ein; am Teich nur in naturnahen Anlagen

Gräser, Schilf & Co im Sumpf

Pfahlrohr
Arundo donax

Höhe/Breite: 2–3 m/ bis 2 m
Blütezeit: September–Dezember
Wassertiefe: bis 20 cm

☼ ◑

Aussehen: starkwüchsiges, bambusartiges Gras; Halme mit dünnen Seitenzweigen, können an der Basis verholzen; Blätter schmal und lang, bei der Sorte 'Variegata' auffallend gelb gestreift; Rispen bis über 70 cm lang, stark verzweigt
Pflanzen: ab Ende April/Mai; mäßig nährstoffreiches Substrat; im Kübel oder mit Wurzelbarriere pflanzen, an die Grenze zwischen Sumpf und Wasser; auch im Kübel auf die oberste Flachwasserstufe
Pflegen: nicht völlig winterhart (Sorte noch empfindlicher); Basis mit Laub abdecken und Halme zusammenbinden; erst im Frühling oberhalb der Wasseroberfläche abschneiden
Gestalten: äußerst dekoratives Schilf für große, natürliche Anlagen; auch als Solitär für feuchten Kübel auf der Terrasse

Zypergras-Segge
Carex pseudocyperus

Höhe/Breite: 60–90 cm/50–60 cm
Blütezeit: Mai–August
Wassertiefe: bis 10 cm

☼ ◑ ●

Aussehen: sommergrün, bildet lockere Horste; Stängel dreikantig; Blätter scharf, bis 12 mm breit; bis 10 cm hohe Blütenstände mit männlichen und weiblichen Ähren, überhängend
Pflanzen: ab April; direkt ins nährstoffreiche Substrat an die Grenze zwischen Wasser und Sumpfzone; wenig anspruchsvoll in Bezug auf die Wasserhärte
Pflegen: pflegeleicht; über Winter stehen lassen und im Frühling die erfrorenen Blätter abschneiden; samt sich reichlich aus, daher die Ausbreitung regulieren
Gestalten: zu mehreren als »Schilf« in kleineren Anlagen; sehr gutes biologisches »Klärwerk« in Natur- oder Schwimmteichen

Schmalblättriges Wollgras
Eriophorum angustifolium

Höhe/Breite: 30–50 cm/ Ausläufer
Blütezeit: April–Juni
Wassertiefe: bis 20 cm

☼

Aussehen: sommergrünes Gras; Stängel rund; Blätter schmal, rund mit Längsrinne; Ährchen unauffällig (April), gefolgt von weißen, wolligen Fruchtständen (Mai–Juni)
Pflanzen: ab April; direkt ins Substrat nur in größeren Anlagen (wuchert stark), sonst im Pflanzkübel oder mit Wurzelbarriere; braucht mäßig nährstoffreiches Substrat, kalkfrei und sauer, in den dauerfeuchten Bereich zwischen Teich und Sumpfzone
Pflegen: pflegeleicht, allenfalls die Ausbreitung eindämmen
Gestalten: das perfekte Gras für saure Moorbeete oder Teiche mit moorigem Ufer; insbesondere die Fruchtstände wirken sehr natürlich

Expertentipp

Das Breitblättrige Wollgras (E. latifolium) wuchert nicht und eignet sich daher besser für kleinere Anlagen.

☼ sonnig | ◑ halbschattig | ● schattig | viel gießen | mäßig gießen

Flatterbinse
Juncus effusus

Höhe/Breite: 40–60 cm/ Ausläufer
Blütezeit: Juli–August
Wassertiefe: bis 10 cm

Aussehen: : sommergrüne Staude mit grasartigem Aussehen; glatte, glänzende Stängel; Blätter röhrenförmig geschlossen, dunkelgrün; lockerer Blütenstand bis 10 cm lang, mit winzigen Blüten
Pflanzen: ab April; die Art wuchert relativ stark und muss mit Wurzelbarriere gepflanzt werden, in den dauerfeuchten Randbereich zwischen Wasser und Sumpfzone; braucht tonhaltigen, sauren Moorboden
Pflegen: pflegeleicht, allerdings nicht sehr langlebig, daher alle 3–4 Jahre teilen und neu einpflanzen
Gestalten: hübsche Moorpflanze; noch wirkungsvoller sind die Sorten mit farbigen ('Aureus Striatus', gelb gestreift) oder gedrehten Blättern ('Spiralis')

Blaues Pfeifengras
Molinia caerulea

Höhe/Breite: 40 cm/40 cm
Blütezeit: August–September
Wassertiefe: bis in den Sumpf

Aussehen: wintergrün, tief wurzelnd, horstig wachsend; Blätter schmal, dunkel-blaugrün, überhängend, verfärbt sich im Herbst; Halme mit den Blütenständen bis 1 m hoch, steif aufrecht, dunkelbraun
Pflanzen: ab April; direkt ins Substrat, vom trockenen Uferbereich bis in die Sumpfzone, aber nicht in direktem Kontakt mit Wasser; Boden nährstoffarm
Pflegen: pflegeleicht; im Frühling ausputzen
Gestalten: möglichst in den Hintergrund und als Formkontrast zu anderen Blattpflanzen (Farne, Schaublatt, Funkien), kommt als Konkurrent zu starken Blütenfarben schlechter zur Geltung

Expertentipp

Das Pfeifengras ist in mehreren verschiedenfarbigen Sorten erhältlich, die sich schön kombinieren lassen.

Gewöhnliches Schilf
Phragmites australis

Höhe/Breite: 1,6–2,5 m/ Ausläufer
Blütezeit: Juli–August
Wassertiefe: bis 15 cm

Aussehen: wintergrüne Rhizomstaude; straff aufrechte Halme, relativ breite Blätter, nach außen neigend
Pflanzen: ab Mai/Juni, auch Aussaat ist möglich, allerdings selten; breitet sich extrem stark aus (Ausläufer im Wasser und unterirdisch), daher unbedingt mit Barriere oder in einen festen Kübel pflanzen; im äußersten Flachwasserbereich
Pflegen: pflegeleicht, allenfalls die Ausbreitung kontrollieren; zur Vermehrung bewurzelte Ausläufer abtrennen; empfindlich gegenüber Beschädigung der Halme
Gestalten: im Einzelstand als Röhrichtpflanze, als Insel in größeren Teichen (in erhöht stehenden Körben); zu ihren Füßen Fieberklee, Froschlöffel; zur biologischen Wasserreinigung in Schwimmteichen

Pflanzen für den Teich- und Bachrand

Die Randbepflanzung bindet das Wasser in den Garten ein. Sie entscheidet darüber, ob sich ein Teich oder Bachlauf harmonisch und sinnvoll in die Konzeption des Gartens einfügt oder ein Fremdkörper bleibt. Da Randpflanzen fast ausschließlich außerhalb der Kapillarsperre wachsen, werden sie wie ganz »normale« Gartenstauden/-gehölze eingepflanzt und gepflegt – entscheidend ist nur die Auswahl der Arten und ihr Arrangement als Vermittler zwischen Wasser und Land.

Fast alle Teiche profitieren davon, wenn sie in einem thematischen Gesamtzusammenhang mit dem Garten stehen. So kommt ein naturnah gestalteter Folienteich erst dann spektakulär zur Geltung, wenn die Randbepflanzung das Gefühl erzeugt, die Sumpfzone setze sich in eine Feuchtwiese (ein Teil des Rasens bleibt ungemäht und wird mit Schwertlilien, Narzissen und Wiesenblumen »verwildert«) oder einen Wald (niedrige Sträucher mit Unterwuchs, dahinter ein Großstrauch oder ein Baum) fort. Bambusdickichte, Farne oder große Blattpflanzen erzeugen das Flair eines tropischen Dschungels, während zu Kugeln oder anderen geometrischen Formen beschnittene Sträucher einen formalen Zierteich begleiten.

Was bei der Teichrandgestaltung zu beachten ist

- Berücksichtigen Sie bei der Planung, ob Sie die eventuell erforderlichen Pumpen, Filter und Leitungen durch geschickte Bepflanzung verdecken können (dichte, kompakte Sträucher, Farne, Bambus, hohe Gräser oder Blattschmuckstauden sind dafür bestens geeignet).
- Nicht vergessen: Etwa ein Viertel bis ein Drittel eines Teichrandes sollte nicht bepflanzt werden. Von hier aus werden Wasserproben entnommen und die Pflegearbeiten durchgeführt. Außerdem bietet eine offene Stelle den besten Blick auf die Wasserfläche.

Auch der Bach braucht eine Randbepflanzung

Die Wirkung eines Gartenbaches beruht vorrangig auf seiner Randbepflanzung bzw. den nicht pflanzlichen Elementen wie Steilstufen oder Feldsteinen.
Neben den im Folgenden genannten Beispielen eignen sich alle Gehölze und Stauden mit überhängenden Zweigen oder Trieben für eine Randbepflanzung. Auf diese Weise wird der Bachlauf »verengt«, weitet sich wieder und bleibt abwechslungsreich.

Passende Gehölze für den Teichrand

Japanischer Fächerahorn

Acer palmatum

Höhe/Breite: 4–6 m/2–5 m
Blütezeit: Mai–Juni

Aussehen: sommergrüner Baum oder Großstrauch, langsam wachsend; Blätter gelappt bis tief eingeschlitzt, rote bis orangerote Herbstfärbung; Blüten purpurrot in Trauben; später geflügelte Nüsschen
Pflanzen: als Containergehölz ganzjährig; außerhalb der Kapillarsperre pflanzen; Boden durchlässig, etwas feucht, schwach sauer
Pflegen: ungestört lassen, nicht beschneiden, nur erfrorene oder beschädigte Zweige entfernen; bei Trockenheit durchdringend gießen
Gestalten: als Solitär platzieren, damit Wuchsform und Blätter optimal zur Geltung kommen; in den Hintergrund oder an Bachläufe, wo sich einzelne Zweige dekorativ über das Wasser neigen können

Riesen(Pagoden)hartriegel

Cornus controversa

Höhe/Breite: 6–8 m/3–5 m
Blütezeit: Juni

Aussehen: sommergrüner Baum, dessen Zweige etagenartig wachsen und an eine Pagode erinnern; Blätter glänzend grün ('Variegata' mit gelb gerandeten Blättern), Herbstfärbung gelb bis orangerot; Blüten klein, weiß; Früchte schwarz, blau bereift
Pflanzen: als Containergehölz ganzjährig; außerhalb der Kapillarsperre pflanzen, nicht in die direkte Sonne, optimal ist eine mittägliche Beschattung; Boden humus- und nährstoffreich
Pflegen: mit organischem Langzeitdünger versorgen, mulchen und gelegentliche Humusgaben
Gestalten: der sehr dekorative Wuchs verlangt eine Einzelstellung ohne Konkurrenz; im Unterwuchs niedrige Gehölze; bildet attraktiven Hintergrund von formalen Zierteichen oder japanisch inspirierten Wasseranlagen

Korkenzieherhasel

Corylus avellana 'Contorta'

Höhe/Breite: : 2–4 m/2–3 m
Blütezeit: März–April

Aussehen: sommergrüner Strauch; besonders auffällig sind die korkenzieherartig gedrehten Zweige; Blätter oval, gezackt; Blüten in hängenden, gelben Kätzchen, vor den Blättern
Pflanzen: als Containergehölz ganzjährig; anspruchslos; außerhalb der Kapillarsperre pflanzen, Boden humusreich, weder zu trocken noch zu feucht
Pflegen: die Sorte wird auf der Art veredelt, daher müssen alle Wildtriebe regelmäßig entfernt werden, sonst setzt sich die Art durch und überwuchert die Sorte; regelmäßig die ältesten Triebe tief zurückschneiden, damit eine lockere Wuchsform gewahrt bleibt
Gestalten: Einzelstellung im Hintergrund; der Strauch ist das ganze Jahr über sehr dekorativ – von den Kätzchen im Frühling bis zu den bizarren Zweigen im Winter

sonnig | halbschattig | schattig | viel gießen | mäßig gießen

Sumpfporst
Ledum palustre

Höhe/Breite: 80–100 cm/bis 150 cm
Blütezeit: Mai–Juni

Aussehen: immergrüner, reich verzweigter, dicht beblätterter Strauch; Blätter schmal, fast nadelartig, dunkelgrün, schwach giftig; Blüten weiß, in großen, kugeligen Blütenständen
Pflanzen: als Containergehölz ganzjährig; Sonne bis lichter Schatten; braucht nährstoffarmen, sauren Boden, kann bis an die Grenze der Sumpfzone gepflanzt werden; verträgt kein kalkhaltiges Wasser
Pflegen: Schnitt nicht erforderlich; Boden ständig feucht halten
Gestalten: heimischer Strauch, der sich optimal als Hintergrund von Moorbeeten eignet; auch als Formkontrast mit Röhrichtpflanzen am Ufer größerer Naturteiche

Expertentipp

Ledum groenlandicum blüht etwas früher. Beide Arten sorgen in Kombination für eine längere Blütezeit.

Purpurweide
Salix purpurea 'Gracilis'

Höhe/Breite: bis 150 cm/150 m
Blütezeit: März–April

Aussehen: sommergrüner, dicht verzweigter Strauch mit kugeligem Wuchs; Zweige dünn, purpurrot; Blätter silbrig, lange haftend, schmal; weibliche Blütenkätzchen grün, männliche gelb
Pflanzen: als Containergehölz ganzjährig; unbedingt außerhalb der Kapillarsperre; recht anspruchslos (Pioniergehölz), bevorzugt aber kalkhaltige, relativ nährstoffarme Böden; verträgt Trockenheit
Pflegen: pflegeleicht; die ältesten Triebe müssen regelmäßig bis zum Boden zurückgeschnitten werden
Gestalten: im Unterschied zu der bis 6 m hohen Wildart eignet sich die Sorte bestens auch für kleine Gärten; natürlich wirkender Hintergrund für Moorbeete und Sumpfzonen; die attraktivste Zeit ist der Frühling, wenn die Kätzchen blühen

Weitere Gehölze für den Teichrand

Name	Höhe Breite	Blütezeit Bemerkungen
Japanischer Ahorn (*Acer japonicum*)	3–4 m 2–3 m	April–Mai dekorativer Wuchs
Rosmarinheide (*Andromeda polifolia*)	20 cm kriechend	Mai–Juni für saure Moorbeete
Zwergbirke (*Betula nana*)	50–100 cm bis 200 cm	März gelbe Herbstfärbung
Katsurabaum (*Cercidiphyllum japonicum*)	6–8 m 4–6 m	April gelbes Herbstlaub
Blumenhartriegel (*Cornus kousa*)	4–6m 2–3 m	Mai–Juni auffallend weiß blühend
Roter Hartriegel (*Cornus sanguinea*)	3 m 3–4 m	Mai–Juni rotes Herbstlaub
Pfaffenhütchen (*Euonymus europaeus*)	3 m 2–3 m	Mai–Juni Fruchtschmuck
Gagelstrauch (*Myrica gale*)	1,5–2m bis 2 m	März–April Blüten vor dem Laub
Lavendelheide (*Pieris floribunda*)	bis 1,5 m bis 1,5 m	April–Mai immergrün
Ohrweide (*Salix aurita*)	bis 2,5 m bis 2,5 m	April–Mai wächst langsam, bis ans Wasser
Kriechweide (*Salix repens* ssp. *dunensis*)	30–50 cm kriechend	April silbrige Blätter
Tamariske (*Tamarix ramosissima*)	2–3 m 3–4 m	Juli–September attraktive Wuchsform

Farne für Schattenteich und Bach

Pfauenradfarn

Adiantum pedatum

Höhe/Breite: 40–60 cm/bis 1 m
Blütezeit: keine Blütenpflanze

Aussehen: sommergrüner Farn; kriechender, schwarzer Wurzelstock; Wedel grasgrün, hand- bis fächerförmig geteilt, zweifach gefiedert, aufrecht und nach außen neigend
Pflanzen: ab April; ideal ist ein feuchter, durchlässiger, humusreicher Boden, verträgt aber auch eine gewisse Trockenheit; immer außerhalb der Kapillarsperre pflanzen
Pflegen: pflegeleicht, kein Winterschutz erforderlich; erfrorene Wedel im Frühling vor dem Austrieb abschneiden
Gestalten: hübsch als Bodendecker, unter begleitenden Sträuchern, an Bachläufen, Teichufern oder um Filter und/oder Pumpen gekonnt zu kaschieren

Wurmfarn

Dryopteris filix-mas

Höhe/Breite: 50–110 cm/bis 1 m
Blütezeit: keine Blütenpflanze

Aussehen: sommergrüner Farn; dicker, bis 30 cm langer Wurzelstock (schwach giftig); Wedel groß, bis 1 m lang, zweifach gefiedert, aufsteigend und nach außen neigend; Wuchsform kann je nach Boden und Sonnenlage abweichen
Pflanzen: ab April; Boden nährstoffreich, humushaltig, frisch bis feucht, kann bis in die Nähe des Wassers gepflanzt werden, allerdings nicht in direkten Kontakt
Pflegen: pflegeleicht; im Herbst mit Laub oder Laubhumus mulchen; erfrorene Wedel im Frühling abschneiden
Gestalten: einer der bekanntesten Farne, der sofort ein »Wald-Feeling« erzeugt; neben Bachläufen, wo die Wedel über das Wasser reichen; zusammen mit Gräsern, anderen Farnen und Funkien am Teichrand unter Gehölzen

Straußfarn

Matteuccia struthiopteris

Höhe/Breite: 60–140 cm/ Ausläufer
Blütezeit: keine Blütenpflanze

Aussehen: sommergrüner Farn; Wurzelstock kriechend, Ausläufer bildend, daher im Laufe der Zeit bodendeckend; Wedel straff aufrecht, trichterförmig angeordnet; fruchtbare (fertile) Wedel bleiben den Winter über stehen
Pflanzen: ab April; Boden feucht, humushaltig und locker; außerhalb der Kapillarsperre pflanzen; in kleineren Gärten unbedingt mit Wurzelsperre pflanzen
Pflegen: junge Exemplare bilden reichlich Ausläufer, die regelmäßig kontrolliert werden müssen (ältere Farne bilden keine Ausläufer mehr); im Herbst mit Laub/Laubhumus mulchen
Gestalten: sehr attraktive Wuchsform; unter Gehölzen, im Schatten von Mauern oder Gebäuden in mehreren Ebenen als Begleitung für einen Bachlauf über steilen Hang

sonnig | halbschattig | schattig | viel gießen | mäßig gießen

Hirschzungenfarn

Phyllitis scolopendrium

Höhe/Breite: 50–70 cm/30–50 cm
Blütezeit: keine Blütenpflanze

Aussehen: teilweise wintergrüner Farn; kriechender Wurzelstock; Wedel zungenförmig, aufrecht, frisch- bis dunkelgrün, Rand leicht gewellt, am Grunde mit »Öhrchen«
Pflanzen: ab April; gut durchlüfteter Boden in hoher Luftfeuchtigkeit, kalkreich
Pflegen: in heißen Sommern besprühen; im Winter als Schutz vor kalten Winden abdecken; alle paar Jahre kalkbetont düngen
Gestalten: zwischen den Gehölzen der Uferbepflanzung, auch an Bachrändern, die mit Kalksteinen gestaltet werden, dazu heimische Wildpflanzen wie Lerchensporn; die fast aufrecht stehenden Wedel sollten gut sichtbar sein

Expertentipp

Dieser Farn ist noch unter dem alten wissenschaftlichen Namen Asplenium scolopendrium im Handel.

Weicher Schildfarn

Polystichum setiferum

Höhe/Breite: 40–80 cm/bis 1 m
Blütezeit: keine Blütenpflanze

Aussehen: wintergrüner Farn; dicker, verholzender Wurzelstock, Wedel bis 100 cm lang und 25 cm breit, weich nach außen fallend, zweifach gefiedert; stark variierende Formen
Pflanzen: ab April; frischer bis feuchter Boden, nährstoff-(mineralien-)reich, locker; bei hoher Bodenfeuchte wird sogar etwas Sonne vertragen; außerhalb der Kapillarsperre pflanzen
Pflegen: regelmäßig gießen, im Sommer übersprühen; im Herbst mit Laub/Laubhumus mulchen
Gestalten: unter lichten Gehölzen als Bachrandpflanze, auch im Uferbereich zusammen mit Gräsern und Stauden für den Halbschatten (z. B. *Luzula*, *Centranthus*)

Expertentipp

Es gibt mehrere Sorten, die sich im Aussehen der Wedel unterscheiden und gut kombiniert werden können.

Weitere Farne & Co für den Wassergarten

Name	Höhe Breite	Bemerkungen
Streifenfarn (*Asplenium trichomanes*)	15 cm 20–30 cm	wächst in Mauerspalten
Frauenfarn (*Athyrium filix-femina*)	80–150 cm bis 100 cm	viele hübsche Sorten
Rippenfarn (*Blechnum spicant*)	25–40 cm bis 50 cm	lockerer Wuchs
Kartäuser Wurmfarn (*Dryopteris carthusiana*)	60–100 cm bis 100 cm	für saure Moortümpel
Winterschachtelhalm (*Equisetum hyemale* var. *robustum*)	150 cm Ausläufer bildend	ungewöhnlich großer Schachtelhalm, sehr exotisch
Zwerg-Schachtelhalm (*Equisetum scirpoides*)	15–20 cm Ausläufer bildend	für saure Moore
Sumpfbärlapp (*Lycopodiella inundata*)	10 cm kriechend	für Moorbeete
Königsfarn (*Osmunda regalis*)	60–200 cm bis 150 cm	schöne Herbstfärbung viele Sorten
Sumpf-Lappenfarn (*Thelypteris palustris*)	60 cm Ausläufer bildend	bis ans Wasser setzen

Die Arten und Sorten von Bambus gehören zwar nicht zu den Farnen, sorgen aber als immergrüne Gewächse für dauerhafte Blickpunkte und fügen sich bestens als Hintergrund einer Teichlandschaft ein.

Blütenpracht im Frühling

Akelei

Aquilegia-Hybriden

Höhe/Breite: 40–60 cm/20–30 cm
Blütezeit: Mai–Juni

Aussehen: relativ kurzlebige Staude; Blüten blau-violett, weiß, hellblau, rot, rosa und verschiedene zweifarbige Formen (Blütengröße um 5 cm); Blätter zusammengesetzt, bläulich-grün, schwach giftig
Pflanzen: aus dem Container ganzjährig möglich, Abstand 50 cm (einzeln) bis 30 cm (Gruppe); Boden humusreich, frisch, locker und durchlässig
Pflegen: pflegeleicht; mäßig gießen; einige Sämlinge zur Verjüngung stehen lassen
Gestalten: einfarbig blühende Sorten sehr romantisch und naturnah, in kleinen, farblich abgestimmten Gruppen pflanzen, unter lichten Gehölzen

Expertentipp

Die Akelei samt sich sehr stark selbst aus; sie muss daher gut im Zaum gehalten, d. h. ausgelichtet werden.

Bergenie

Bergenia-Hybriden

Höhe/Breite: bis 50 cm/bis 60 cm
Blütezeit: meist April–Mai

Aussehen: wintergrüne, wüchsige Staude; kriechender Wurzelstock; Blätter einfach, glänzend dunkelgrün, etwas ledrig, rundlich; Blüten in großem Blütenstand auf blattlosem Stängel, sortenabhängig hellrosa bis dunkelrot, auch weiß
Pflanzen: aus dem Container ganzjährig möglich, Abstand 40–50 cm; keine Ansprüche an Boden oder Belichtung
Pflegen: pflegeleicht, dankt Dünger und Kompost mit reicherer Blüte; erfrorene Blätter entfernen
Gestalten: kann direkt an den Rand von Bachläufen zwischen Steinblöcke gepflanzt werden

Gute Partner

- *Farne*
- *Funkien*
- *Primeln*
- *Schattengräser*

Schachbrettblume

Fritillaria meleagris

Höhe/Breite: 20–40 cm/15–20 cm
Blütezeit: April–Mai

Aussehen: winterharte, heimische Zwiebelblume, auch in Sorten; Stängel schlank; Blätter schmal (12 mm); Blüten meist einzeln, selten zwei, nickend, mit deutlich sichtbarem Schachbrettmuster, bis 3,5 cm
Pflanzen: Zwiebeln im Herbst des Vorjahres setzen; verträgt die dauernde Feuchte von Sumpfzonen; samt sich an geeigneten Stellen selbst aus
Pflegen: zur Zeit des Austriebs düngen, darf im Sommer nicht austrocknen, ansonsten kein Aufwand erforderlich
Gestalten: sehr hübsch in direkter Nähe von Bachläufen, im Uferbereich von Teichen oder in feuchten Übergangsbereichen; kommen am besten in Gruppen mit aufeinander abgestimmten Blütenfarben zur Geltung; auch zu Schwertlilien

Wiesen-Iris
Iris sibirica

Höhe/Breite: 10–15 cm/8–10 cm
Blütezeit: März–Mai

Aussehen: Staude mit horstartigem Wuchs; kriechendes Rhizom, Stängel verzweigt, hohl; Blätter schilfartig; Blüten blau, bei den Sorten auch weiß, verschiedene Blautöne, weinrot und gelb
Pflanzen: Rhizome ab Hochsommer (nach der Blüte) etwa 2,5 cm tief einpflanzen; Substrat mäßig nährstoffreich, möglichst leicht sauer (normale Böden werden aber vertragen); verträgt direkte Nähe zum Wasser
Pflegen: pflegeleicht; Verblühtes abschneiden, Blattschopf im Frühling einkürzen
Gestalten: wirken besonders natürlich im Randbereich von Sumpfbeeten zusammen mit Primeln

Expertentipp

Diese Iris ist in zahreichen verschiedenfarbigen Sorten erhältlich, die sich sehr gut kombinieren lassen.

Kugelprimel
Primula denticulata

Höhe/Breite: 10–30 cm/30–40 cm
Blütezeit: März–April

Aussehen: horstig wachsende Staude; die Blätter wachsen zusammen mit dem Blütenstand aus, bis 30 cm lang, zungenförmig, runzlig; Blüten in kugeligem Blütenstand, weiß, in Sorten auch rot bis violett
Pflanzen: aus dem Container ganzjährig, Abstand 40 cm; feuchter bis nasser Boden, mäßig nährstoffreich, verträgt direkte Nähe zum Wasser
Pflegen: pflegeleicht, allerdings anfällig gegenüber Krankheiten
Gestalten: sehr dankbar, allein in farblich abgestimmten Gruppen, z. B. auf unterschiedlichen Höhen neben steilen Bachläufen; in Sumpfzonen und feuchten Wiesen mit Bergenien, Farnen, Günsel, Sumpfdotterblumen und verschiedenen kleinen Ziergräsern

Stängellose Primel
Primula vulgaris

Höhe/Breite: 10 cm/20–30 cm
Blütezeit: März–Mai

Aussehen: horstig wachsende Staude; Blätter gestielt, eiförmig-länglich, runzlig; bis zu 25 schwefelgelbe Blüten auf einem blattlosen Stiel; frühe Blüte gelegentlich schon im September
Pflanzen: aus dem Container ganzjährig, Abstand 30 cm; in den Randbereich der Sumpfzone oder ans trockenere Ufer, nicht in staunasses Substrat
Pflegen: pflegeleicht, allerdings anfällig gegenüber Krankheiten
Gestalten: zwischen lichte Gebüsche, z. B. in den Unterwuchs neben Bachläufen; am Teich als Fortsetzung von Primelgruppen ins Trockene hinein

Expertentipp

In Gartencentern werden auch Unterarten angeboten, die sich in Blütenfarbe und anderen Details von der Art unterscheiden

wenig gießen | Schnittblume | giftig | für Bachlauf geeignet

Im Sommer blühende Stauden

Prachtspiere
Astilbe-Arendsii-Hybriden

Höhe/Breite: 60–120 cm/50–80 cm
Blütezeit: Juli–September

Aussehen: buschige Staude; Stängel aufrecht, verzweigt; Blätter mehrfach gefiedert, gezähnt, dunkelgrün; Blüten winzig, weiß, creme, rosa bis dunkelrot, lila, in hohen, verzweigten, fedrig wirkenden Blütenständen
Pflanzen: als Containerstaude ganzjährig möglich, Abstand 40–60 cm; Boden feucht, lehmig, humusreich; stets außerhalb der Kapillarsperre
Pflegen: regelmäßig organisch düngen, Kompost in den Boden einarbeiten, reichlich gießen (einmal täglich) und im Sommer mit Zerstäuber übersprühen
Gestalten: für Standorte unter Gehölzen oder im wechselnden Schatten von Gebäuden; außerhalb der engeren Teichumgebung in den Hintergrund, zur besseren Wirkung mehrere, farblich aufeinander abgestimmte Sorten verwenden

Taglilie
Hemerocallis-Hybriden

Höhe/Breite: 40–110 cm/40–60 cm
Blütezeit: Mai–August

Aussehen: horstartig wachsende Staude; Blätter riemenförmig, zugespitzt; Blüten an kräftigen, blattlosen Stängeln, von Cremeweiß über Gelb und Orange bis zu Rosa, Rot und Braunrot, auch zweifarbig, glockenförmig geöffnet
Pflanzen: als Containerstaude ganzjährig möglich, Abstand 50–60 cm; Boden mäßig trocken bis feucht, nährstoffreich, lehmig; stets außerhalb der Kapillarsperre
Pflegen: selten düngen, Verblühtes abschneiden, bei Hitze gießen
Gestalten: wegen der großen Blüten und dem breiten Farbspektrum wichtiges Element für den Teichrand; die Blätter erinnern an ein großes Gras

Expertentipp

Die Blüten halten nur einen Tag, werden aber ständig neu gebildet, so dass die Staude dauerhaft blüht.

Funkie, Herzlilie
Hosta-Arten und -Hybriden

Höhe/Breite: bis 120 cm/30–100 cm
Blütezeit: Juni–August

Aussehen: Blattschmuckstaude; Blätter grün oder weiß bzw. gelb gezeichnet, glatt oder strukturiert; Blütenstand überragt den Blattschopf, Blüten 1,5–2 cm groß, weiß, hellviolett bis lilablau und purpurn
Pflanzen: als Containerstaude ganzjährig möglich, Abstand je nach Sortenbreite; Boden lehmig, auch feucht, humushaltig; außerhalb der Kapillarsperre pflanzen
Pflegen: problemlos; im Frühling organischen Dünger (Mulch, Kompost) in den Boden einarbeiten; bei Austrieb Schnecken bekämpfen
Gestalten: wegen der Blätter dauerhafter Blickpunkt unter Sträuchern, verdeckt den leeren Raum früh blühender Zwiebelpflanzen; kontrastreich neben Farnen, Gräsern, Schwertlilien; zusammen mit Großblattstauden (*Astilboides, Gunnera, Rodgersia*) neben Bachläufen

Bart-Iris

Iris-Barbata-Hybriden

Höhe/Breite: 60–120 cm/15–20 cm
Blütezeit: Mai–Juni

Aussehen: horstartig wachsende Staude; Blätter aufrecht, starr, schwertförmig; Blüten groß und auffällig (Durchmesser 8–10 cm), alle Farben außer reinem Rot
Pflanzen: Rhizome ab Juni (nach der Blüte) flach einpflanzen, 20 cm Abstand; Boden trocken, sandig, humusarm
Pflegen: im Frühling abgestorbene Blätter abschneiden; Verblühtes abschneiden, nur bei längerer Trockenheit gießen; im Frühherbst mineralisch düngen
Gestalten: obwohl die Bart-Iris keine Teichpflanze im eigentlichen Sinn ist, passt sie mit Blättern und Blüten gut zu anderen Schwertlilien und Blattschmuckstauden; sie leitet über zu Gartenbeeten und bildet herrliche Blickpunkte

Pfennigkraut

Lysimachia nummularia

Höhe/Breite: 10 cm/bodendeckend
Blütezeit: Mai–Juli

Aussehen: Staude; kriechender Stängel, dicht beblättert; Blätter frischgrün, oval; Blüten leuchtend gelb, sehr reich blühend
Pflanzen: als Containerstaude ganzjährig möglich; mäßig nährstoffreiches Substrat; kann auch innerhalb der Kapillarsperre gepflanzt werden (verträgt 10 cm tiefes Wasser); Jungpflanzen vor wüchsigen Nachbarn schützen
Pflegen: pflegeleicht, allenfalls zu stark wuchernde Ausläufer rechtzeitig entfernen (bewurzelte Ausläufer zur Vermehrung)
Gestalten: im Wechsel mit Sumpfdotterblumen gepflanzt, hält sich die gelbe Blütenfarbe von April bis in den Sommer hinein; in flachen Bachläufen ins Wasser wachsend

Expertentipp

Das Pfennigkraut eignet sich sehr gut, Folienränder zu überdecken!

Weitere Sommerblüher für Teich- und Bachrand

Name	Höhe Breite	Blütezeit Blütenfarbe
Weicher Frauenmantel (*Alchemilla mollis*)	30–50 cm 50–60 cm	Juni–August gelblich-grün
Geißbart (*Aruncus dioicus*)	150–180 cm 80–120 cm	Juli–August cremeweiß
Tafelblatt (*Astilboides tabularis*)	100 cm 100 cm	Juni–Juli weiß
Prachtnelke (*Dianthus superbus*)	40–60 cm 30–40 cm	Juli–September rot
Glockenheide (*Erica tetralix*)	bis 30 cm kriechend	Juni–September rosarot
Mädesüß (*Filipendula ulmaria*)	100–120 cm 60–70 cm	Juni–August cremeweiß
Storchschnabel (*Geranium*-Arten)	ca. 30 cm ca. 50 cm	Juni–Juli blau bis rosa
Mammutblatt (*Gunnera manicata*)	bis 2 m 1–2 m	Juli–September rötlich
Kuckuckslichtnelke (*Silene flos-cuculi*)	50–70 cm 30–40 cm	Mai–Juli rosarot
Gelenkblume (*Physostegia virginiana*)	bis 120 cm 60–80 cm	Juli–September weiß, rosa, rot
Blutwurz (*Potentilla erecta*)	20 cm kriechend	Mai–August gelb
Etagenprimel (*Primula* x *bullesiana*)	10–30 cm 20–30 cm	Mai–Juli gelborange
Schaublatt (*Rodgersia podophylla*)	100–150 cm 100–150 cm	Mai–Juli gelbweiß
Sonnenhut (*Rudbeckia laciniata*)	80 cm 40–50 cm	Juli–September gelb

Spätsommer- und Herbstblüher

Echter Eisenhut

Aconitum napellus

Höhe/Breite: bis 120 cm/40–50 cm
Blütezeit: Juli–August

Aussehen: rübenartige Wurzel; Stängel aufrecht, dicht belaubt; Blätter tief eingeschnitten; Blüten in verzweigter Traube, blau bis blauviolett, selten weiß, auffallend helmförmig; tödlich giftig
Pflanzen: als Containerstaude ganzjährig möglich; Abstand 30–40 cm; außerhalb der Kapillarsperre; Boden kühl, frisch, nährstoffreich
Pflegen: Blütenstängel stäben, Verblühtes abschneiden, im Spätherbst zurückschneiden; regelmäßig mit Kompost und organischem Dünger versorgen
Gestalten: hübsch im lichten Schatten von Gehölzen oder zwischen Blattschmuckstauden; neben flachen Wiesenbächen

Expertentipp

Das Gift des Echten Eisenhuts wirkt bereits bei Berührungen der Pflanze!

Japanische Herbstanemone

Anemone hupehensis

Höhe/Breite: 50–90 cm/40–50 cm
Blütezeit: Juli–Oktober

Aussehen: Staude mit kurzem, dickem Wurzelstock; Stängel kurz, verzweigt; Grundblätter lang gestielt, geteilt; Blütenstängel aufrecht, Blüten in dreizähligen Dolden, einfach, purpurrot bis rosa; Sorten farbenprächtiger und gefüllt
Pflanzen: möglichst im Frühling, bei Herbstpflanzung (bis September) ist eine Laubabdeckung für den ersten Winter erforderlich; Abstand 30–40 cm; Boden frisch, humusreich, im lichten Schatten von Gehölzen; außerhalb der Kapillarsperre
Pflegen: nach dem Anwachsen problemlos; in heißen Sommern gießen
Gestalten: die späte Blütenpracht kann durch geschickte Mischung der einzelnen Sorten noch verlängert werden; mit verschiedenfarbigen Sorten sind hübsche Farbenspiele möglich

Glatte Aster

Aster laevis

Höhe/Breite: 60–120 cm/30–40 cm
Blütezeit: September–Oktober

Aussehen: Staude mit kurz kriechendem Wurzelstock; längliche Grundblätter mit geflügeltem Stiel, Stängelblätter schmal-eiförmig, mit »Öhrchen«; Blütenköpfchen in lockerem, verzweigtem Blütenstand, Zungenblüten blau bis rotviolett, Scheibenblüten gelb
Pflanzen: als Containerstaude ganzjährig möglich, Abstand 20–30 cm; Boden frisch, verträgt etwas Trockenheit; außerhalb der Kapillarsperre
Pflegen: im Frühling düngen, Verblühtes abschneiden
Gestalten: die zart wirkenden Blütenköpfchen sollten gut sichtbar zur Geltung kommen

Gute Partner

- *Goldrute*
- *Herbstastern*
- *Sonnenblume*
- *Sonnenhut*

Glattblatt-Aster
Aster novi-belgii

Höhe/Breite: 60–140 cm/50–80 cm
Blütezeit: September–Oktober

Aussehen: Staude; Stängel aufrecht, verzweigt; Blätter lanzettlich, dunkelgrün; Blütenköpfchen je nach Sorte weiß, rosa, karminrot, hell- bis dunkelblau, violett, lila, immer mit gelber bis brauner Mitte (Durchmesser bis 6 cm); bleiben auch bei Regen geöffnet
Pflanzen: als Containerstaude ganzjährig möglich, Abstand 40–50 cm; Boden frisch bis feucht, nährstoffreich, humos, lehmig; außerhalb der Kapillarsperre
Pflegen: im Frühling organisch oder mineralisch düngen, hohe Sorten stäben, nach der Blüte zurückschneiden; regelmäßig gießen
Gestalten: typische Staude für herbstliche Rabatten; am Teichrand für die etwas feuchteren Bereiche; am besten mehrere farblich aufeinander abgestimmte und in der Höhe variable Sorten kombinieren

Sommer-Margerite
Leucanthemum x superbum

Höhe/Breite: 50–90 cm/30–50 cm
Blütezeit: Juni–September

Aussehen: horstartig wachsende Staude; Stängel aufrecht; Blätter lanzettlich, glänzend dunkelgrün; Blütenköpfchen weiß mit gelber Mitte
Pflanzen: als Containerstaude ganzjährig möglich, Abstand 30–40 cm; Boden frisch, nährstoffreich, locker; außerhalb der Kapillarsperre
Pflegen: im Frühling reichlich organisch düngen; nach der Blüte zurückschneiden und nochmals düngen (Neuaustrieb und Zweitblüte im Herbst); alle 3–4 Jahre teilen; bei Trockenheit gießen
Gestalten: durch die Nachblüte sowohl im Sommer als auch im Herbst wichtig; mit anderen Wiesenblumen als Übergang zu einer »wilden« Wiese neben einem Bachlauf

Expertentipp

Die weiße Blütenfarbe wirkt vermittelnd in allen Kompositionen.

Ligularie, Kreuzkraut
Ligularia dentata

Höhe/Breite: 80–110 cm/bis 100 cm
Blütezeit: Juli–September

Aussehen: horstig wachsende Staude mit kriechenden Rhizomen; Stängel aufrecht, kaum verzweigt; Blätter groß, nierenförmig bis rundlich, grün bis rötlich überhaucht, stängelumfassend; Blütenköpfchen in einer doldenähnlichen Traube, gelb
Pflanzen: als Containerstaude ganzjährig möglich, Abstand mindestens 50 cm; Boden nährstoffreich, feucht bis nass, Pflanzung im äußeren Bereich der Sumpfzone möglich; keine Ansprüche an die Wasserhärte
Pflegen: austreibende Pflanzen vor Schneckenfraß schützen; muss im Sommer ständig feucht gehalten werden; im Herbst zurückschneiden
Gestalten: außerhalb der Blütezeit als Blattschmuckstaude; Standort im lichten Schatten von Gehölzen, im äußeren Bereich der Sumpfzone, damit Blüten anderer Stauden nicht verdeckt werden; fügen sich natürlich in feuchte Zonen neben Bachläufen und Kaskaden ein

Wassergärten gestalten

Wasser wird schöner mit Pflanzen

Erst durch die Pflanzen wird Wasser zum Schmuckstück des Gartens – sieht man von der Ausnahme sehr strenger, architektonischer Zierteiche einmal ab. Schwimmende Blätter und Blüten, das Rauschen der Röhrichtpflanzen im Wind, die Farben der Blüten in Flachwasser und Sumpf vereinen sich mit dem Wasser zu einer in sich geschlossenen Komposition. Eine geschickte Randbepflanzung verwandelt Bachläufe von sterilen Rinnen in natürlich aussehende, lebendige Elemente.

Das Bepflanzen von Wasserflächen folgt ganz anderen Richtlinien als das Bepflanzen eines Beetes. Das bunte Durcheinander eines bäuerlichen Staudenbeetes mag einen gewissen Charme versprühen, Durcheinander im Wassergarten endet dagegen regelmäßig in einer Wildnis, in der die extrem wüchsigen Gewächse mit ihren verfilzten Ausläufern und Wurzeln alle zarteren Vertreter aus der Pflanzenwelt verdrängen. Die Bepflanzung eines Wassergartens muss regelmäßig und gründlich kontrolliert, ausgelichtet, ergänzt oder ersetzt werden. Hinzu kommt die routinemäßige Überprüfung der Wasserwerte, da viele der Wasserpflanzen sehr empfindlich auf Veränderungen ihres Lebensraumes reagieren.

Weniger ist meist mehr!

Beschränken Sie sich bei der Bepflanzung Ihres Teiches auf eine oder zwei Schwimmpflanzen, eine Schwimmblattpflanze, drei bis vier Flachwasserpflanzen und drei bis fünf Stauden pro Quadratmeter Sumpfzone.
Sollten Sie zu den Gartenbesitzern gehören, bei denen sich das rechte »Wasser-Feeling« erst einstellt, wenn Schilfhalme rauschen, dann reduzieren Sie eben die Bepflanzung der Sumpfzone zugunsten von Röhrichtpflanzen. Die Blütenfarben liefern dann Schwimmblatt- und robuste Flachwasserpflanzen. Es geht aber auch beides: eine bunte Sumpfzone und rauschendes Schilf. Pflanzen Sie Schilf in der Mogelpackung – in Form von Bambus außerhalb der Kapillarsperre. Sehen Sie sich um und sammeln Sie Eindrücke!
Schwieriger und einfacher zugleich ist die Bepflanzung von Zierteichen, da sich hier die Pflanzen dem architektonischen Gesamteindruck unterordnen sollten. Zierteiche sind der beste Ort, um wirkliche Exoten (z. B. tropische Pflanzen) zu integrieren. Bei Zierteichen gilt die alte Pflanzregel 100%ig: Weniger ist mehr!

Der Teich und seine Pflanzbereiche

Das Erscheinungsbild eines Teiches basiert auf dem Zusammenspiel der verschiedenen Tiefenzonen und ihrer Bepflanzung. Im Unterschied zu den Beetpflanzen eines Gartens erfüllen die Pflanzen der jeweiligen Zonen bestimmte, ökologisch wichtige Aufgaben, d. h., möglichst alle Zonen sollten bepflanzt sein.

- Die **Tiefwasserzone** (Seerosenzone) beginnt bei etwa 60–80 cm Wassertiefe und reicht in Schwimmteichen und großen Naturteichen merklich tiefer.
- Die **Flachwasserzone** erstreckt sich zwischen 10–40 cm Wassertiefe. Sie kann durch Stufen noch weiter untergliedert sein.
- Die **Sumpfzone** beginnt bei etwa 10 cm Wassertiefe und reicht ungefähr 10 cm über die Wasseroberfläche. Hier herrrscht die größte Vielfalt an Pflanzen vor.
- In Naturteichen schließt daran noch die **Feuchtwiese** oder **Feuchtzone** mit feuchtem Boden an.

Phänomenale Oberflächen

Der so genannte Lotus-Effekt ist inzwischen nicht nur in der botanischen Fachliteratur ein Begriff. Hersteller von Dachziegeln und Farben nutzen dabei ein Phänomen, das Pflanzen bereits seit Millionen von Jahren »kennen«.

Mit den Schwimmblättern fangen Seerosen Sonnenlicht für die Fotosynthese ein. Die Blätter sind mit einer Wachsschicht überzogen. Diese lässt Wasser abperlen, so dass die Blättter nicht versinken oder faulen.

Bei der Lotusblume ist diese Schutzschicht so fein in sich zerteilt, dass ein Wassertropfen kugelförmig und die Oberfläche unbenetzt bleibt.

Das tiefe Wasser und seine Pflanzen

Im tiefen Wasser leben drei verschiedene Pflanzengruppen: Unterwasserpflanzen, Schwimmblattpflanzen und Schwimmpflanzen. Schließlich ist eine tiefe Stelle erforderlich, damit Überdauerungsstadien absinken und den Winter überleben können. Während das tiefe Wasser im Winter zur Schutzzone für Pflanzen und Tiere wird, dient es im Sommer als Reservoir kühlen, sauerstoffreichen Wassers.

- Unterwasserpflanzen wie z. B. das wurzellose, grüne Tausendblatt sehen durchaus dekorativ aus, dienen aber vor allem als Sauerstoffspender (Sauerstoff fällt als »Abfallprodukt« bei der Fotosynthese an). Da Unterwasserpflanzen ein relativ enges Spektrum optimaler Bedingungen haben, lohnt sich der Kauf mehrerer Arten – die beste setzt sich durch und darf im Teich verbleiben.
- Im Boden der Tiefwasserzone wurzeln Schwimmblattpflanzen wie die Seerosen. Seerosen reagieren sehr empfindlich auf einen sinkenden Wasserspiegel: Sie erzeugen mehr und höher aus dem Wasser ragende Blätter. Ist der Wasserstand dagegen zu hoch, blühen sie spärlicher. Kontrollieren Sie daher im Sommer regelmäßig den Wasserstand!
- Bei der Betrachtung der Tiefwasserzone vergisst man leicht die Wasseroberfläche. Schwimmblätter (von Seerosen oder anderen Pflanzen) und schwimmende Pflanzen, wie z. B. der Schwimmfarn oder die Wasserlinse, sind nicht nur hübsch anzusehen. Ihre Blätter beschatten das Wasser, sorgen damit für Kühlung und verhindern eine zu starke Ausbreitung der Algen. Andererseits dürfen sie auch nicht überhand nehmen, weil dann die Unterwasserpflanzen kein Licht mehr bekommen und die Fotosynthese im Teich erliegt.

Die Bepflanzung der Flachwasserzone

Auch die Flachwasserzone erfüllt eine wichtige ökologische Aufgabe: Die hier wachsenden Pflanzen reinigen das Wasser und können ihm sogar Schadstoffe entziehen; aus diesem Grund werden Schwimmteiche mit breiten Röhrichtgürteln als biologische Klärwerke angelegt.

In der Natur erfolgt der Übergang von tiefem zu flachem Wasser gewöhnlich kontinuierlich, d. h., die entsprechenden Pflanzen siedeln sich genau in der ihnen am meisten zusagenden Tiefe an. In einem großen, naturnahen Folienteich ließe sich diese Zone durch eine 1:2-Böschung (1 m sinkende Wassertiefe pro 2 m horizontal) simulieren. In der Regel wird die Folie jedoch über Stufen gezogen, die mit steilen Böschungen getrennt werden. In Fertig-

Die Grün- und Gelbtöne in Flachwasser und Sumpfzone bilden den Hintergrund für die zurückhaltend blühende Seerose. Für Farbkontrast sorgen die Stauden außerhalb der Kapillarsperre.

teichen sind diese Pflanzstufen vom Hersteller eingebaut. In der Praxis ist dies ohne Bedeutung, weil sich eingesetzte Pflanzkörbe mit Steinunterlagen auf beliebige Wassertiefe trimmen lassen.
Gehen Sie bei der Auswahl von Pflanzen für den mittleren Wasserbereich sehr sensibel vor. Wenn die Wasseroberfläche bereits aus der Tiefenzone »voll« wirkt, sollten die Flachwasserpflanzen sparsamer eingesetzt werden. Andererseits werden gerade für diesen Bereich viele und besonders schön blühende Stauden angeboten. Ziehen Sie deswegen ruhig in Betracht, die Tiefwasserzone zugunsten des flachen Wassers zu reduzieren.
Ein solcher Teich bestünde aus einer kleinen, aber weitgehend freien Wasserfläche – vielleicht mit Krebsschere oder Schwimmfarn, aber ohne Seerosen – und einer breiten Flachwasser- und Sumpfzone.
Werden Flachwasser und Ufer von einer Röhrichtzone eingenommen, sorgen robuste Wasserpflanzen wie Froschlöffel, Igelkolben oder Pfeilkraut für Farbe. Sie setzen sich auch zwischen dem Schilf durch, weil sie ins tiefere Wasser »abwandern« können.

Sumpfzone und Anschlussbepflanzung

Eine attraktiv gestaltete Sumpfzone bildet den Puffer zwischen der Welt des Wassers und dem Land. Je nach Größe von Garten und Teich kann eine Sumpfzone neben den Blüten des Wassers bescheiden in den Hintergrund treten (z. B. mit Blattschmuckstauden) oder als »Star« der Wasserlandschaft glänzen.
Beziehen Sie bei der Gestaltung der Sumpfzone die übrigen Teichzonen mit ein: Im Frühling hat sie keine Konkurrenz auf der Wasserseite zu fürchten, pflanzen Sie daher genügend Frühblüher ein. Für Farbkombinationen bieten sich früh blühende Pflanzen des Teichrandes an. Zur Zeit der großblumigen Schwertlilien (ab Spätfrühling) sollten Sie lieber auf starke Konkurrenz verzichten. Wenn die Seerosen blühen, steht das offene Wasser im Blickpunkt: Jetzt übernimmt die Sumpfzone mit Grün, Rosa, Rot oder Blau den Part des harmonischen Hintergrundes. Nicht vergessen: Auch eine Böschungsmatte mit hoch gelegener Pflanztasche kann als »Sumpfzone« durchgehen. Damit setzen Sie gezielt farbige Akzente an genau definierten Stellen.

Tiefes Wasser – freies Wasser

Die Gestaltung des Tiefwasserbereiches ist schwierig, da die hier wachsenden Pflanzen nicht an Ort und Stelle bleiben, sondern sich mit dem Wasser bewegen bzw. über kriechende Wurzelstöcke oder Ausläufer ihre Position verändern. Wenden Sie diesen Nachteil zum Vorteil um:
Spielen Sie mit der Zufälligkeit dieser Bewegungen, kombinieren Sie verschiedene Blütenfarben, Blattformen und achten Sie darauf, dass auch die Wasserfläche als solche Teil der Komposition wird. Freies Wasser wirkt wie ein Spiegel, es glitzert in der Sonne, zeigt ziehende Wolken und verdüstert sich an bedeckten, windstillen Tagen zu einer beinahe schwarzen, scheinbar unergründlichen Tiefe.
Alternativ können Sie freie Wasserflächen mit schwimmenden Kleinspringbrunnen, Schaumdüsen, Sprühstrahl/-fächer vom Ufer (mit oder ohne Figur), schwimmenden Figuren, schwimmenden Lampen oder Unterwasserstrahler bestücken und aufwerten.

Königin und Untertanen – Seerosen im Teich

Die großen Blüten einer Seerose gehören zum Prachtvollsten, was ein Teich zu bieten hat. Allerdings sind Seerosen empfindlich: Sie vertragen die dauerhafte Unruhe eines Springbrunnens nicht und reagieren auf schlechtes Wetter (Regen) mit geschlossenen Blüten.

- Wählen Sie für die entsprechende Tiefenzone eine winterharte Sorte in einer Ihnen zusagenden Blütenfarbe.
- Setzen Sie die Seerose Ihrer Wahl nicht genau in die Mitte des Teiches, sondern etwas zur Seite hin orientiert ein (ein stabiler Henkel am Pflanzkorb erleichtert späteres Umsetzen), dann scheint sich eine grüne »Landzunge« vom Flachwasser in den Teich auszudehnen.
- Kombinieren Sie die Seerose mit einer schwimmenden Pflanze, deren Blätter als Formkontrast dienen (im Bild eine Krebsschere).
- In den meisten Teichen reicht eine – allenfalls zwei – Seerose(n) zusammen mit einer Schwimmpflanze aus.
- Überprüfen Sie vom zweiten Jahr an, welcher Anteil der Wasserfläche von den Schwimmblättern abgedeckt wird. Rund zwei Drittel des Teiches sollten frei bleiben.

Expertentipp

Fragen Sie nach, wie groß die Blätter werden: Zu große Blätter wirken in einem kleinen Teich ebenso deplatziert wie zu kleine Blätter in einem großen Teich.

Alleinherrscher in edler Umgebung

Dieser Zierteich stellt eine alternative Möglichkeit vor, da eine Reihe von neueren Seerosenzüchtungen bereits in geringeren Wassertiefen gedeiht. Hier wäre auch der Ort für eine subtropische oder tropische Art, die während der kalten Jahreszeit im Keller überwintert.
Platzieren Sie den Korb mit der Seerose in die Mitte des Teiches und achten Sie darauf, dass die Blätter nicht zu stark wuchern – die »Blatt-Insel« sollte eine Insel bleiben (bei Bedarf das Rhizom teilen).

Üppige Natur oder Chaos?

Teiche mit vollständig zugewucherten Oberflächen (hier Seerose und Hechtkraut) strahlen einen beinahe unwiderstehlichen Charme aus.
Grundsätzlich hat ein solcher Teich auch im Garten seine Berechtigung, sofern keine Fische darin schwimmen und für Sauerstoffzufuhr gesorgt ist. Er sollte im Herbst gründlich ausgeräumt werden, damit die absinkenden Blätter nicht zu Faulschlamm werden. Uneingeschränkt empfehlenswert ist er aber nicht – es sei denn, die Pflanzen dürfen sich als Verlandungszone in der Bucht eines größeren Teiches entwickeln.

Reif für die Insel

Inseln jeder Art bereichern Ihren Teich um einen ganz speziellen Blickpunkt. Das kann – wie hier in einem größeren Teich – eine Schilfinsel sein. In einem kleinen Teich erfüllt eine bepflanzte, schwimmende Schale aus Styropor denselben Zweck.
Inseln bieten die Möglichkeit, Pflanzen der Flachwasser- und Sumpfzone mitten im Teich und damit von allen Seiten gut sichtbar zu platzieren.
Fixieren Sie die Schwimminsel mit Schnur und »Steinanker« am Boden des Teiches.

So schön kann ein Teichufer sein

Diese Teichanlage braucht (fast) keine Blüten, um zu überzeugen. Eine attraktive Mischung aus Blattfarben und Wuchsformen bezaubert den Betrachter eben auch dann, wenn gerade einmal – wie hier – am eigentlichen Teich kaum etwas blüht. Dafür sorgen die üppigen, weißen Rosen für einen romantischen Hintergrund. Bei der Gestaltung des Teichrandes stehen Stauden mit flachem Wuchs in spannendem Kontrast zu den grasartig schmalen Blättern der Taglilie und den üppigen Horsten von Schildblatt und Frauenmantel. Die Bepflanzung bleibt bis weit in den Herbst hinein attraktiv, wenn sich die Blätter des Schildblattes kupferrot verfärben.

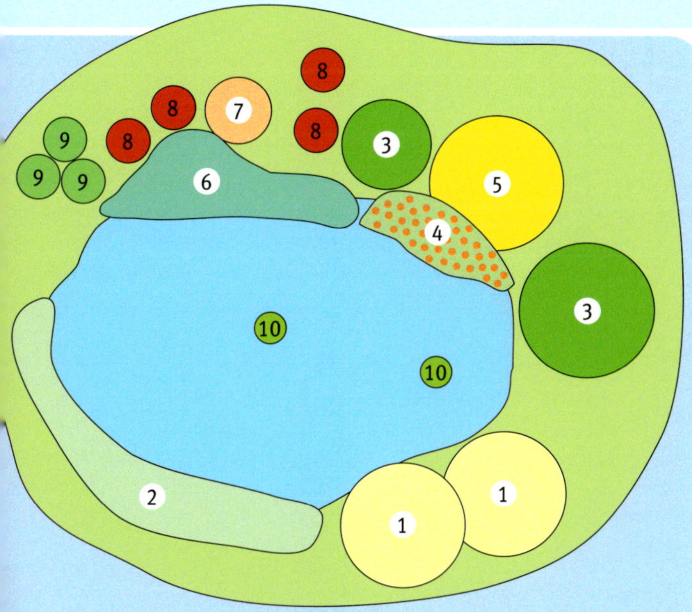

Das brauchen Sie:

1. Frauenmantel (*Alchemilla mollis*); 30–50 cm hoch; 2 Exemplare
2. Tannenwedel (*Hippuris vulgaris*); 30 cm hohe Triebe; wuchert; 1–2 Exemplare
3. Schildblatt (*Darmera peltata*); bis 100 cm hoch; 2 Exemplare
4. Goldkeule (*Orontium aquaticum*); 1–2 Exemplare
5. Taglilie (*Hemerocallis*-Hybride); 40–110 cm hoch; 1 Exemplar
6. Fieberklee (*Menyanthes trifoliata*); 15–30 cm hoch, Ausläufer treibend; 1–2 Exemplare
7. Rohrkolben (*Typha* sp.); bis 250 cm hoch, einige Arten wuchernd; 1 Exemplar
8. Purpurglöckchen (wintergrüne, rotblättrige *Heuchera*-Hybriden, z. B. 'Cappuccino', 'Checkers', 'Stormy Seas'); 20–60 cm hoch; 4 Exemplare
9. Schwertlilien (*Iris*-Arten und -Sorten); 50–100 cm hoch; 3 Exemplare
10. Seerosen (*Nymphaea*-Arten); 1–2 Exemplare

So pflanzen Sie:

Teiche mit einer gestuften Abfolge von tiefem über flaches Wasser bis zu einer trockenen Randzone müssen bereits beim Bau sorgfältig geplant werden. Neben der Seerose in der Tiefenzone gehören auch wuchernde Arten des Flachwassers in Pflanzkörbe – oder sollten zumindest durch Wurzelbarrieren an ihrer Ausbreitung gehindert werden.

- Frauenmantel, Purpurglöckchen und Taglilie werden ab dem Frühling aus dem Container (alle außerhalb der Kapillarsperre) gepflanzt.
- Ab Ende April/Mai Rohrkolben (wuchernde Arten wie *T. latifolia* unbedingt mit Wurzelsperre) und Schwertlilien einsetzen.
- Etwa zur selben Zeit Rhizome von Schildblatt und Fieberklee flach auslegen (bei Containerware die Lage des Rhizoms überprüfen) und den Tannenwedel pflanzen. Fieberklee und Tannenwedel entweder in Körbe oder direkt ins Flachwasser setzen.
- Die Goldkeule braucht tiefgründigen, nährstoffreichen Boden (mindestens 30 cm). Sie wird am besten in einen tiefen Pflanzkorb gesetzt und anschließend versenkt.

Expertentipp

Aus den schwimmenden Samen der Goldkeule können Sie in einer feuchten, stets mit Wasser überdeckten Schale neue Pflänzchen heranziehen.

So pflegen Sie:

Frühling: Erfrorene Blätter der Schwertlilien abschneiden; Substrat in den Pflanzkörben der Goldkeule mit Langzeitdünger anreichern; Ausläufer vom Fieberklee zurückschneiden.

Sommer: Wasserschnecken von der Goldkeule fernhalten; regelmäßig Verblühtes von der Taglilie abschneiden; Tannenwedel und Fieberklee in ihrer Ausbreitung immer wieder begrenzen.

Herbst: Alle 3–4 Jahre die Purpurglöckchen teilen; bis zum Frühherbst Tannenwedel oder Fieberklee aus bewurzelten Ausläufern vermehren; Schwertlilien im Frühherbst organisch düngen.

Winter: Goldkeule ins tiefere Wasser stellen; in Regionen mit bekannt kalten Wintern Purpurglöckchen mit Fichtenreisig abdecken; Schildblatt gegen Spätfröste schützen (kann sich regenerieren).

Am Teich und um den Teich herum

Flachwasser- und Sumpfzone stellen den Einsteiger gewöhnlich vor geringe Probleme. So gut wie alle angebotenen Arten und Sorten wachsen gut an, gedeihen prächtig ... allerdings neigen die meisten von ihnen zum Wuchern. Nehmen Sie die Hinweise in den Porträts sehr ernst – lässt man manche der Stauden gewähren, gewinnen sie leicht die Überhand. Bei der Gestaltung sollten Sie daher nicht nur auf hübsche Blätter und Blüten, sondern auch auf Verträglichkeit achten. Man kann Teichränder aber auch ganz anders gestalten, wie die Beispiele auf diesen Seiten zeigen.
Vielleicht hilft ein Gedankenexperiment:
Sind Sie eher der harmonische Typ, der lieber vermittelt, statt Konflikte offen auszutragen, oder mehr ein Vertreter klarer Prinzipien? Solche Grundtemperamente sind auch hilfreich für die Gestaltung. Fließende Formen (Blattschmuckpflanzen, kriechende Stauden mit Ausläufern usw.), die den Bruch zwischen Wasser und Ufer vermitteln, wirken sanft, beruhigend und helfen dabei, Stress abzubauen. Die geraden Linien aufrecht strebenden Röhrichts oder der Kontrast zwischen Natur und Gestein wirken demgegenüber viel »härter« und kühler. Versuchen Sie, durch entsprechende Gestaltung von Sumpf- und Randbereich solche Stimmungen zu erzeugen – vertrauen Sie ruhig auf Ihr Gefühl!

Bunte, lebendige Pracht – Natur pur

Vermutlich dürfte diese Art der Gestaltung mit Taglilien, rotem Mädesüß, gelben Schwertlilien und den Seerosen, die im tieferen Wasser wurzeln, genau dem entsprechen, was sich ein Einsteiger unter einem naturnahen Teichrand vorstellt. In der Tat ist die Komposition aus unterschiedlichen Blattformen und Blütenfarben sehr gut gelungen. Sie kommt besonders wirkungsvoll zur Geltung, wenn der Betrachter sie vom anderen Teichufer über das Wasser sehen kann. Achten Sie daher bei Neupflanzungen oder Veränderungen stets darauf, die Stauden optimal relativ zum Sitzplatz hin zu orientieren.

Blick durch die Hintertür

In etwas größeren Gärten lassen sich derartige Arrangements gestalten. Beim Blick von der Bank stellt sich der Teich als dichte Röhrichtzone dar – eigentlich ein eher langweiliger Anblick. Der Trick des Gestalters ist die torartige Öffnung im Schilfgürtel: Man blickt zwischen den aufragenden, grünen Halmen auf die Wasserfläche mit den Schwimmblattpflanzen. Von der anderen Seite aus (Blickrichtung des Fotografen) schließt die Röhrichtzone den Teich ab, und die helle Bank wirkt wie ein Brennpunkt, auf den sich die Blicke konzentrieren.

Tropisches Flair im Zierteich

Exoten wie diese Lotusblume (*Nelumbo*) eignen sich vor allem für Teiche und große Kübel direkt an der Terrasse. Wer den Versuch wagt, könnte dem Zauber dieser tropischen Kostbarkeiten verfallen und es auch mit anderen Arten versuchen.

Tropische Wasserpflanzen sind jedoch sehr empfindlich und können nicht frei in Gartenteichen wachsen. Sie brauchen eine relativ hohe Sommertemperatur (Wasserheizung, Wintergarten oder Glashaus) und müssen eisfrei überwintern. Dafür bezaubern die Pflanzen mit außergewöhnlichen Blatt- und Blütenformen.

Der Bachzulauf – nicht einfach zu bepflanzen

Eine »echte« Bachbepflanzung im Garten zu simulieren ist nicht so leicht. Am besten eignen sich hierfür Arten, die auch am Teichrand wachsen (siehe Porträts).

Eine weitere Möglichkeit wurde hier realisiert: Die dichten Blattpolster der Stauden (Funkie, Frauenmantel, Taglilie) bilden gemeinsam mit Azaleen ein stimmiges Bild, das an eine natürliche Bachlandschaft erinnert.

Expertentipp

Bachrandpflanzen werden nicht direkt in die Strömung, sondern seitlich davon in Sumpftaschen gepflanzt.

Einfach, klar und monochrom

Hier wurde gar nicht erst versucht, einen natürlichen Übergang zu schaffen, sondern gezielt auf den Kontrast zwischen den rundlichen Steinen und den scharfen, schwertförmigen Blättern der Schwertlilie gesetzt.

In vielen Fällen ist es besser und wirkungsvoller, auf eine oder wenige Pflanzen zu vertrauen und sie gezielt einzusetzen. Allerdings brauchen Arrangements wie diese die Nähe zum Betrachter und einen guten Blick für Formen, sonst geht die Feinheit der Details unter.

Das Hochmoor vor der Tür

Moorbeete im Garten prunken nicht mit prächtigen Blüten oder bizarren Blättern. Sie sind nicht auf Fernwirkung angelegt, sondern erschließen sich nur dem, der sich Zeit lässt, der sorgfältig und aus der Nähe beobachtet. Dann jedoch können sich auf ein bis zwei Quadratmetern dramatische Ereignisse abspielen: Moose, die sich wie ein Schwamm voll Wasser saugen. Seltene Orchideen, deren Blüten an eine ganz bestimmte, bestäubende Insektenart angepasst sind. Heimische und exotische, Fleisch fressende Pflanzen, die auf Beute lauern. Alles was Sie brauchen, ist ein Plätzchen in der Sonne und die Bereitschaft, etwas mehr Pflegeaufwand in Kauf zu nehmen.

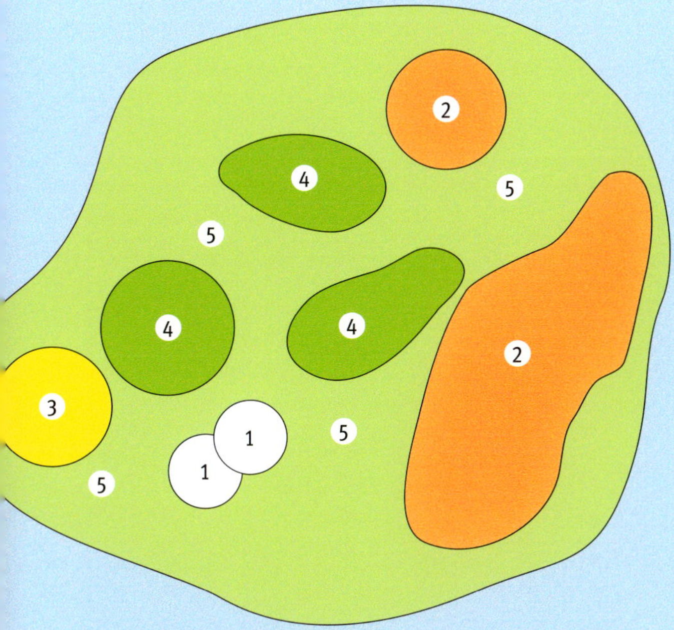

Das brauchen Sie:

1. Knabenkraut (*Orchis*-Arten) oder andere Orchideen, die auf saurem Substrat wachsen; je nach Art bis 70 cm hoch; Blütezeit ab Mai; 1–2 Exemplare
2. Schlauchpflanze (*Sarracenia purpurea*); breitet sich weit aus, trichterförmig geschlossene Blätter (bis 50 cm lang, Insektenfalle); blüht in Rottönen im späten Frühjahr (10–15 cm hoch); 2–4 Exemplare
3. Schlauchpflanze (*Sarracenia flava*); breitet sich weit aus, sehr enge Trichter (bis 90 cm lang) und schmale, normale Blätter; blüht gelb im späten Frühjahr (50–100 cm hoch); 1 Exemplar
4. Glocken- oder Moorheide (*Erica tetralix* und Sorten); bis etwa 30 cm hoch, in verschiedenen Blütenfarben (Blütezeit Juni–September, Sorten mit grauen Blättern; alternativ auch Sorten der Besenheide (*Calluna vulgaris*); 2–3 Exemplare
5. Moose als Zwischenbepflanzung, ideal ist *Sphagnum*; spezialisierte Gärtnereien bieten auch andere Formen an

So pflanzen Sie:

Moorbeete müssen sehr gründlich von der Umgebung abgegrenzt werden, da sie auf kalkfreies Wasser angewiesen sind. Graben Sie ein etwa 40–50 cm tiefes Loch und kleiden Sie es mit Teichfolie aus bzw. setzen Sie einen Fertigteich ein. Füllen Sie als Substrat reinen Torf ein, keinen »aufgekalkten Düngetorf«. Lehm mit saurem pH-Wert oder so genannte Rhododendrenerde eignen sich gut, den Torf bindiger zu machen.

- Pflanzen Sie die Heiden im Frühling (wenn das nicht möglich ist, auch im Frühherbst) direkt ins Substrat. Im Unterschied zu einer »Heidelandschaft« werden Heiden im Moorbeet nicht flächig, sondern einzeln gesetzt.
- Nach den letzten Frösten kommen die Schlauchpflanzen ins Beet. Da sie im Haus überwintern müssen, graben Sie sie am einfachsten mitsamt ihren Töpfen ein.
- Orchideen werden in Containern angeboten. Die winterharten Arten kommen im Frühling ins Beet.
- Torfmoose brauchen eigentlich nicht gepflanzt zu werden – sie stellen sich von selbst ein. Am Anfang lohnt es sich jedoch, einige Moospflänzchen zu pflanzen, um die Lücken zu füllen. Die meisten heimischen Moorpflanzen sind geschützt und dürfen keinesfalls aus der Natur entnommen werden. Fragen Sie in Ihrer Gärtnerei nach.

Expertentipp

Eine hübsche Ergänzung sind Wollgras (Eriophorum) am Rand des Beetes und Sonnentau (Drosera) zwischen den Moospolstern.

So pflegen Sie:

Frühling: pH-Wert des Substrats kontrollieren (pH 4–5 und niedriger) und ggf. durch neues Substrat ersetzen; nach den letzten Frösten die überwinterten Schlauchpflanzen einsetzen.

Sommer: Regelmäßig mit Regenwasser wässern; angewehte Unkräuter sofort entfernen; verblühte Orchideen abschneiden, bei heimischen Arten einen Blütenstand stehen lassen (Aussaat möglich).

Herbst: Unregelmäßig wachsende Heiden nach der Blüte zurückschneiden; Schlauchpflanzen im Spätherbst ausgraben und im Haus (kühle, sonnige Fensterbank) oder Wintergarten überwintern.

Winter: Die vorgestellten Moorbeetpflanzen brauchen keinen Winterschutz. Fragen Sie beim Kauf anderer Arten sicherheitshalber nach; im Vorfrühling Besenheide stark zurückschneiden.

Sanftes Plätschern und kräftiges Rauschen

Fließendes Wasser im Garten verbreitet stets eine lebendige Stimmung. Sei es eine kleine, formale Wasserrinne, die langsam dahinfließt, oder ein naturnaher Bach, der über Steine rieselt, oder kleinere oder größere Kaskaden und Wasserfälle. Alles ist möglich und machbar, sollte sich aber dem Stil Ihres Gartens anpassen.
Bei Kaskaden und Wasserfällen wechseln ruhige Fließstrecken oder Becken mit steilen Abschnitten ab, über die das Wasser rauschend in die Tiefe stürzt.

Das passt in und an den Bachlauf

- Sumpfdotterblume (*Caltha palustris*) im Flachwasser
- Quellmoos (*Fontinalis antipyretica*) bis 1 m Tiefe
- Laichkraut (*Potamogeton*-Arten) im langsamen Wasser, bis 1 m Tiefe
- Wasserhahnenfuß (*Ranunculus aquatilis*) im ruhigen Wasser, bis 60 cm Tiefe
- Flutender Hahnenfuß (*Ranunculus fluitans*) bis 1 m Tiefe
- Sumpffarn(*Thelypteris palustris*) bis 20 cm Tiefe
- Zwergrohrkolben (*Typha minima*) im Flachwasser
- Bachbunge (*Veronica beccabunga*) im Flachwasser

Naturnah – der langsam fließende Wiesenbach

Ist das ein »echter« Bach? Sicher nicht, denn diese Pflanzenkombination käme in der Natur nicht vor. Wirkt er deswegen unnatürlich? Keineswegs! Die Blätter der Bergenien und Farne erzeugen mit ihrem gesunden Grün den Eindruck lebendiger Frische. Das Gelb der hoch aufragenden Primelblüten fügt sich harmonisch ein und liefert fröhliche Farbtupfer. Der eigentliche Bach tritt beinahe in den Hintergrund, ist fast nur noch akustisch präsent. Ohne die Staustufen müsste man ihn etwas breiter und geschwungen anlegen und seinen Lauf durch Röhricht oder einige Feldsteine zu Umwegen zwingen.

Romantisch – der kleine Wasserfall im Gehölzbett

Obwohl der kleine Bachlauf und seine Randbepflanzung nicht wirklich einen Wald darstellen, erzeugen die Auswahl der Gehölze im Hintergrund (nicht alle sichtbar) und direkt neben dem Bach und die Stauden eine Waldstimmung.
Anstelle eines wilden Durcheinanders aus Farben und Formen wurde hier Wert auf eine thematisch stimmige Szenerie gelegt – das beste Mittel einer erfolgreichen Gestaltung. Es gibt die Nadelgehölze (Zierwacholder), verschiedene Farne (Hirschzungen- und Wurmfarn) und die großblättrigen Bergenien, die die Rolle von Unterwuchs übernehmen. Denkbar wären auch weitere Waldstauden wie Salomonssiegel oder Schattengräser.

Üppig bewachsen – fast wie im Dschungel

Auch dieser Bachlauf entstand nach einem thematischen Konzept: Ein üppiger Bewuchs, der an die überschäumende Wuchsfreude eines Tropenwaldes erinnern soll. Tatsächlich haben die Pflanzen so sehr die Herrschaft übernommen, dass die Gefällstrecke des Baches kaum noch in Erscheinung tritt. Der Betrachter erahnt ihn nur, weil er das Rauschen des Wassers hört.

Das Gerüst der Gehölze wird von Ahorn (*Acer palmatum*, *A.* 'Aconitifolium') und Pfaffenhütchen (*Euonymus*) gebildet, den Laubschmuck steuern u. a. Zierrhabarber und Königsfarn bei.

Sehr gut wären auch die großen und/oder markanten Blätter von *Gunnera, Hakonechloa, Hosta, Petasites, Rodgersia* und anderen Blattschmuckstauden geeignet.

Fast wie im Gebirge – der wild rauschende Felsbach

Schon der erste Blick zeigt eine völlig andere Landschaft. Wie natürlich aufgetürmte, mächtige Felsblöcke bilden eine raue, für Pflanzen scheinbar lebensfeindliche Szenerie. Ganz offenbar beruht die Wirkung dieser Kaskade auf den Steinen. Dennoch wurden auch hier sehr geschickt Pflanzen eingesetzt. Sie stehen aber in keiner direkten Beziehung zum Wasserlauf, sondern dienen als Farbtupfer in einer ansonsten unbewachsenen Szenerie.

Expertentipp

Der gewünschte Landschaftstyp sollte möglichst die gesamte Planung bestimmen – das erleichtert Konstruktion und Bepflanzung des Fließgewässers.

Im Garten angekommen – künstliche Wasserfälle

Bei diesem Wasserfall wurde nicht einmal der Versuch unternommen, eine Naturlandschaft nachzubilden. Hart und kantig kontrastieren Ziegelsteine mit dem eleganten, durchscheinenden Vorhang des fließenden Wassers. Auch die Bepflanzung stellt Weichheit (Funkien) und Härte (Blätter der Iris) bewusst gegeneinander. Das Gras im Vordergrund mit harten Blättern, die sich weich neigen, setzt den Schlusspunkt.

Dieser Wasserfall stellt gewissermaßen das fließende Pendant zu den formalen Zierteichen dar.

Geeignet für »künstliche« Wasserfälle sind Metallkonstruktionen, imprägniertes Holz oder Tropenholz, weite Bambusrohre, geglätteter und gestrichener Beton sowie Natursteinplatten.

Gut eingebettet – Teich und Bachlauf

Diese Teichanlage mit ihrem Bachzulauf spielt nicht die Hauptrolle im Garten, sondern liefert »nur« den Vordergrund für eine gemischte Bepflanzung aus Gehölzen und Stauden auf saurem Boden. Das Ufer rechts im Bild fällt mit einem Sumpfbereich flach zum Wasser hin ab – die kleine Schwertlilien-Insel bietet zur Blütezeit einen herrlichen Farbklecks im Wasser. Den Hintergrund bildet ein leicht ansteigender Hang. Hier wachsen zwischen Steinen Azaleen, Fächerahorn, Gräser, Farne und Zwerg-Fichten. Wegen der reichen Bepflanzung sind im Plan nur einige Charakterarten aufgeführt, die diesen Garten prägen. In Gärten, die nicht über sauren Boden verfügen, können andere Blütensträucher eingesetzt werden.

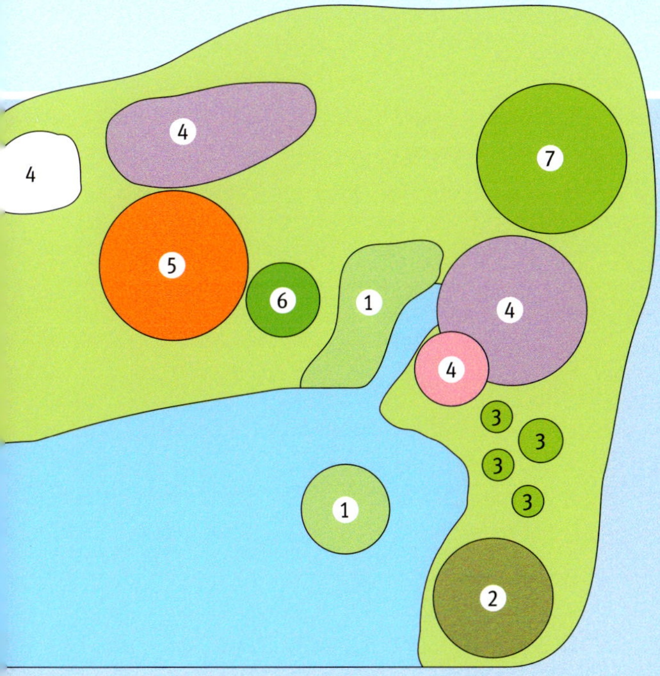

Das brauchen Sie:

1. Schwertlilien (*Iris*-Arten und Sorten); 50–100 cm hoch; ca. 5–10 Exemplare pro Quadratmeter (weniger bei der wuchernden *I. pseudacorus*); 3–5 Exemplare für die Insel
2. Staudenlupine (*Lupinus-Polyphyllus*-Hybride); außerhalb der Teichfolie pflanzen; 80–100 cm; 1 Exemplar
3. Straußfarn (*Matteuccia struthiopteris*); 60–140 cm hoch, Ausläufer bildend; 1 Exemplar pro Quadratmeter
4. Azaleen (sommergrüne *Rhododendron*-Hybriden); bis 2–3 m hoch, lila, rosa und weiß; Standraum pro Exemplar 1–3 Quadratmeter; als größere Alternativen bieten sich immergrüne Rhododendren an
5. Japanischer Fächerahorn (*Acer palmatum*, rotlaubige Sorte); bis 3–6 m hoch, sehr langsam wachsend; 1 Exemplar
6. Zwergfichte (*Picea abies*-Sorte); je nach Sorte 50–200 cm hoch, Breite sehr unterschiedlich; als Alternative eignen sich alle anderen Nadelgehölze
7. Großstrauch als Schattenspender für die Azaleen

So pflanzen Sie:

Das Bild zeigt einen älteren, gut eingewachsenen Garten, dessen Gehölze viele Jahre Zeit hatten, sich zu etablieren. Für eine Neubepflanzung sollten Sie Bäume und Sträucher auswählen, die in der Größe zu Ihrem Grundstück passen. Achten Sie unbedingt darauf, dass die Krone ausgewachsener Bäume den Teich zwar zeitweilig beschattet, die Zweige aber nicht bis über das Wasser hängen.

- Laubbäume mit nackten Wurzeln oder Ballen werden im Herbst gepflanzt; Containergehölze (Azaleen, Japanischer Fächerahorn, Blütensträucher) entweder im Herbst oder Frühling.
- Der Straußfarn darf ab April gepflanzt werden. Dämmen Sie in kleineren Gärten die Ausbreitung des Farns zur Sicherheit mit einer Wurzelsperre ein.
- Etwas später (April/Mai) kommen die Schwertlilien in den Boden. Legen Sie die Rhizome flach aus, und verteilen Sie sie unregelmäßig auf der Fläche.
- Immergrüne Nadelgehölze oder Rhododendren wachsen besser an und kommen sicherer über den ersten Winter, wenn sie zwischen Frühling und Frühsommer gepflanzt werden.

Expertentipp

Gute Hausbäume für kleine Gärten sind Arten und Sorten von Ahorn, Birke und Eberesche – auch größere Sträucher erfüllen denselben Zweck.

So pflegen Sie:

Frühling: Erfrorene Farnwedel abschneiden; Baumscheibe und Flächen um die Sträucher auflockern und mulchen, alle 2–3 Jahre organischen Langzeitdünger verteilen; Sträucher ggf. auslichten.

Sommer: Im Frühsommer wuchernde Farnausläufer eindämmen; bei den Stauden Verblühtes abschneiden; Farne und Azaleen/Rhododendren regelmäßig und bei Hitze reichlich gießen.

Herbst: Ende September/Anfang Oktober ein Laubnetz über dem Teich spannen oder Laub von der Wasseroberfläche abfischen; Teichboden von abgesunkenem, organischem Material befreien.

Winter: Werden Fische im Teich gehalten, einen Eisfreihalter oder eine Teichheizung ins Wasser setzen; an frostfreien Tagen Schnittmaßnahmen an Bäumen und Sträuchern durchführen.

Kleinstgewässer – Sicherheit für Kinder

Vielleicht möchten aufmerksame Leser nun am liebsten mit »nicht schon wieder …« reagieren, aber als Vater (und Autor) ist mir die Sicherheit unserer Kinder zu wichtig, um mit einem einmaligen Sicherheitshinweis abgetan zu werden.
Die Gestaltungsbeispiele auf dieser Seite sollen verdeutlichen, dass man »Wasser« im Garten auch fast ohne Wasser genießen kann. Viele Emotionen werden durch Andeutungen ausgelöst (denken Sie an ein Reklameschild für Eis an einem heißen Sommertag) – entsprechend schenkt uns bereits das leise Plätschern eines japanischen Brunnens bei geschlossenen Augen Ruhe und Kühlung.
Wählen sie robuste und/oder preiswerte Pflanzen, denn ein erhitztes Kind, das mit Wasser plantschen möchte, nimmt keine Rücksicht auf Liebhabersorten.
Dennoch, aller Vorsicht zum Trotz: Auch ein kindergerechter Garten soll vor allem Spaß machen und Ihnen und Ihrem Nachwuchs den Aufenthalt im Garten versüßen. Suchen Sie daher nach hübschen Pflanzen und attraktiven Accessoires, dann wird auch ein »Wassergarten auf Sparflamme« zum Erlebnis.

Von Viehtränken und Dorfbrunnen

Mit einer Wassertiefe von 20–40 cm sind Brunnen dieser Art zwar nicht völlig ungefährlich, stellen für Kinder ab 4 Jahren aber keine wirkliche Bedrohung mehr dar. Zudem bilden sie als Gartenskulptur interessante und abwechslungsreiche Blickpunkte.
Originale alte Steintröge und Handpumpen sind nicht billig, es gibt aber ansprechende Nachbildungen.
Am besten schließen Sie die Pumpe an eine Wasserleitung an. Das abgestandene Wasser aus dem Brunnen eignet sich bestens als Gießwasser für die Pflanzen. Versuchen Sie, den Stil des Troges dem Garten anzupassen: Ein ausgehöhlter Baumstamm wirkt im Alpenraum vielleicht pittoresk, in Norddeutschland wäre er wohl eher fehl am Platze, es sei denn, der Restgarten ist entsprechend gestaltet.
Efeu (an Trog und Pumpe) und Frauenmantel (Vordergrund) sind extrem robust und regenerieren sich auch dann, wenn sie »gepflückt« werden.
Auf die Herkulesstaude im Hintergrund sollten Sie besser verzichten, weil ihr Pflanzensaft stark hautreizend wirkt. Vermeiden Sie bei der Bepflanzung Arten mit ansprechenden (aber giftigen) Früchten!
Wenn Kinder den Trog benutzen dürfen, brauchen sie einen leichten und trittsicheren Zugang. Ansonsten muss der Zugang durch dichte Bepflanzung versperrt werden. Stellen Sie Ihren Kindern dann fairerweise einen Plastik-Pool auf die Wiese!

Fast ein Spielplatz – Miniteiche für Kinderhände

Vor allem kleine Kinder sehen überhaupt nicht ein, warum Wasser an heißen Sommertagen tabu sein soll. Eine hübsche Möglichkeit, ihren Spieltrieb mit Terrassenschmuck und Sicherheit in Einklang zu bringen, sind solche Topf-Kombinationen.
Das Wasserspiel kommt mit einer kleinen Pumpe aus, und die flachen Schalen sind keine Gefahr. Außerdem sind sie breiter als hoch und kippen nicht so leicht um. Die Schwimmpflanzen können nicht ausgerissen werden, und das Arrangement nimmt es auch nicht übel, wenn ein Kind mit dem Händchen in den Wasserstrahl fasst.

Frosch im Sturzflug

Der niedliche Frosch steht stellvertretend für alle Arten von Wandbrunnen. Da Wandbrunnen niemals frei, sondern immer in Verbindung mit Mauern und/oder Sitzplätzen konstruiert werden, stehen sie stark im Blickpunkt. Passen Sie daher die Blattgröße dem Ausfluss an. Riesenblätter brauchen einen kräftigen Wasserstrahl oder ein großes Auffangbecken, während neben einem dünnen Wasserstrahl zierliche Gräser eine bessere Figur machen.

Expertentipp

Selbst im Mauerschatten gedeihen noch viele Farne. Der Brunnen sorgt für die notwendige Luftfeuchtigkeit.

Japan lässt grüßen

Auch ohne Kenntnis im Feng-Shui denkt man hier sofort an den Fernen Osten. Dabei kommt es nicht auf einen wirklich authentischen Brunnen an, wichtig ist die Vorstellung, die er auslöst. Bambusrohre gibt es in jedem Gartencenter zu kaufen, und ein einigermaßen geschickter Heimwerker kann die Knoten leicht durchbohren (manchmal sind sie sogar vorgebohrt). Der Zauber dieses Brunnens beruht auf dem Moospolster als einzigem Bewuchs. Eine wichtige Zutat für diesen Mini-Wassergarten im Schatten ist die Lavendelheide (*Pieris*).

Blattkontraste im Zierteich

In dieser kleinen Zierteichkombination – Wasser- und Feuchtbecken – spielen Grüntöne die Hauptrolle. Der etwas schattigere hintere Bereich wird von Farnen und einer Funkie belebt, im sonnigeren Wasserbecken kontrastieren die runden Schwimmblätter mit den schwertförmigen Blättern der Iris. Das Weiß der großen Blüten von Scheinkalla, Schwertlilie und Seerose wird von den gestreiften Blättern der Schwertlilie und Funkie aufgenommen. Farbe liefern die rote Seerose und die tiefblaue Blüte der zweiten Schwertlilie. Dieser Bepflanzungsvorschlag passt selbstverständlich auch für eine geschwungene Teichform.

Das brauchen Sie:

1. Seerose (*Nymphaea*-Hybriden); für flaches Wasser, je nach Angebot, je 1 Exemplar in Weiß und Rosa
2. Hechtkraut (*Pontederia cordata*); blühend bis 50 cm oberhalb der Wasseroberfläche; 2 Exemplare
3. Weiße Scheinkalla (*Lysichiton camtschatcensis*); bis 20 cm Wassertiefe, 40–50 cm hoch; 1 Exemplar
4. Sumpfiris (*Iris laevigata* 'Albovariegata'); breitet sich nicht sehr stark aus; 60–80 cm hoch; 2–4 Exemplare
5. Sumpfiris (*Iris laevigata* 'Alba'); breitet sich nicht sehr stark aus; 60–80 cm hoch; 2–4 Exemplare
6. Weißblattfunkie (*Hosta*-Hybride); mind. 40–50 cm hoch und 60–70 cm breit (je nach Form); 1 Exemplar
7. Hirschzungenfarn (*Phyllitis scolopendrium*); 20–40 cm hoch, bis 30 cm breit; 2 Exemplare
8. Wurmfarn (*Dryopteris filix-mas*); 50–110 cm hoch, bis 100 cm breit; 2 Exemplare
9. Niedrige Bambus-Sorte; 1 Exemplare

So pflanzen Sie:

Die Stauden des hinteren Beckens wachsen direkt im Substrat und können als Containerpflanzen ganzjährig eingepflanzt werden. Die Teichpflanzen setzt man im Korb ins Wasser. Auf diese Weise lässt sich ihre Ausbreitung besser im Zaum halten, und die Pflanzen können leichter entnommen werden.

- Im Frühling (März/April) Farne und Funkie einpflanzen. Sie brauchen lehmigen, humushaltigen Boden. Der frühe Pflanztermin ist empfehlenswert, weil die Stauden sich dann bis zum nächsten Winter etablieren können.
- Etwas später (April/Mai) Schwertlilien einpflanzen. Verteilen Sie die Rhizome der beiden Sorten auf jeweils zwei etwas versetzt stehende große Pflanzkübel.
- Ab Ende April, in kühlen Jahren erst im Mai, die Weiße Scheinkalla einpflanzen. Für sie der Teicherde etwas mehr Lehm beimischen und einen Langzeitdünger dazugeben.
- Nach den Eisheiligen (Mai bis Mitte Juni) die Seerosen in Pflanzkörbe mit Seerosensubstrat einsetzen. Legen Sie die Rhizome flach und direkt unter die Oberfläche des Substrats in den Korb.

Expertentipp

Sie können die Scheinkalla auch durch eine Zimmerkalla (Zantedeschia aethiopica) ersetzen. Sie ist allerdings nicht winterhart und braucht flacheres Wasser bis Sumpf. Stellen Sie deshalb den Pflanzkorb erhöht auf Steine.

So pflegen Sie:

Frühling: Funkie mit Langzeitdünger versorgen; bei nachlassender Blühfreudigkeit der Seerosen Rhizom im Spätfrühling teilen; abgestorbene Farnwedel abschneiden.

Sommer: Im Frühsommer in Lehmkügelchen gekneteten Dünger oder Langzeitdünger (z. B. Hornspäne) ins Seerosen- und Kallasubstrat drücken; regelmäßig welkes Laub entfernen.

Herbst: Laub von der Wasseroberfläche abfischen; absterbende Seerosenblätter entfernen; Teichboden von abgesunkenem, organischem Material befreien; hinteres Becken mulchen.

Winter: Eisfreihalter oder eine Teichheizung ins Wasser setzen; alternativ können Sie auch das Wasser ablassen und die Wasserpflanzen in Eimern im Keller überwintern.

Zierteiche – naturnah bis edel

Formensprache der Zierteich-Becken

- **rund oder quadratisch:** ruhig, statisch, harmonisch
- **oval oder rechteckig:** neutral
- **schmal und lang:** gliedernd, richtend, bewegt
- **mehrere kleine Becken in Abfolge:** gliedernd, unruhig, spannend

Da ein Zierteich nicht einfach nur als »Behälter« für Wasserpflanzen fungiert, kommt es bei der Bepflanzung darauf an, Wasserfläche, Rand und Umgebung durch die ausgewählten Stauden zu einer harmonischen Einheit zu verschmelzen. Tatsächlich erfüllen viele Zierteiche bereits gänzlich ohne Pflanzen ihren Zweck. Die Beispiele auf dieser Seite zeigen daher die Bandbreite der Möglichkeiten auf – von einer einzelnen Pflanze bis hin zu einem Fast-Natur-Teich.

Ein Klassiker – der »Fürstenteich«

Selbstverständlich liegt dieser schlichte, quadratische Teich nicht wirklich in einem fürstlichen Garten, aber er erinnert zumindest an die großartige Zeit der großen Gärten. Das Quadrat strahlt Harmonie und Ruhe aus. Es lädt zum Verweilen und Nachdenken ein. Die rot blühende Seerose unterstreicht diesen Eindruck noch. Solche Teiche können im lichten Schatten von Bäumen (ohne Seerose), eingerahmt von Schnitthecken oder im Rasen liegen – stets in Verbindung mit einem Sitzplatz. Hier sorgt allerdings die hübsche Randbepflanzung für einen lebhaften Kontrapunkt.

Kühlung zur »blauen« Stunde

Dieser Teich erinnert in Formgebung, Farbe und der sehr zurückhaltenden Bepflanzung an das nüchtern-kühle Design moderner Wohnungen. Derartige »Designer-Teiche« sind allerdings nur dann eine wirkliche Bereicherung, wenn sie zur Gartenfront des Hauses passen und optimal auf ihre Umgebung abgestimmt werden.
Achten Sie daher auf genügend Abstand zu anders gearteten Gartenbereichen (eine glatt gemähte Rasenfläche reicht bereits aus), oder separieren Sie den Teich durch eine Barriere aus Pflanzen, Holz oder Steinen.

Komposition aus geometrischen Formen

Dieser kleine Teich fügt sich bestens in die Terrasse ein. Auch hier tritt die Bepflanzung wie eine Dekoration hinter der Gesamtwirkung zurück und unterstreicht die geometrische Strenge des Teichbeckens. Dennoch erscheint dieser Innenhof keineswegs langweilig:
Die Kuppelform der beschnittenen Buchsbäume bildet einen rahmenden Formkontrast zum Teich, und die Klinkerbänder im Pflaster sorgen für Abwechslung. Die sparsam als Blickpunkte eingesetzten Pflanzschalen können mit Blumen der Jahreszeit oder dauerhaft mit Blattschmuckstauden bepflanzt werden.

Bäuerlich-üppig zwischen Holzbohlen

Betrachtet man dieses Arrangement, fällt sofort die wild wuchernde Seerose auf, die das gesamte Teichbecken zu füllen scheint. In anregendem Kontrast dazu stehen die buschig-kugelig wachsenden Stauden des Frauenmantels. Der Teichrand – hier alte Holzbohlen – scheint beinahe hinter den Pflanzen zu verschwinden. Solche Kompositionen sind bestens geeignet, »wilde« Natur auf kleinstem Raum zu präsentieren. Allerdings muss die Ausbreitung der Pflanzen sorgfältig kontrolliert und ggf. auch eingedämmt werden, damit die Begrenzung deutlich bleibt.

Wasserstufen zwischen Natursteinen

Ganz sicher verdienen dieser Zierteich und seine Bepflanzung die Bezeichnung »edel«. Das Wasser steht in zwei Ebenen, verbunden durch einen sehr zurückhaltend konstruierten Überlauf unter einer Natursteinplatte.
Im Vordergrund schmiegen sich Schwimmblätter dem Wasser an – sie unterstreichen das Flächenhafte – und die Blüten bilden später leuchtende Blickpunkte. Am Rand des oberen Teiches sorgt die schmale, senkrechte Wuchsform für anregenden Kontrast.

Hardware für den Wassergarten

Philosophen und Schriftsteller haben sich seit jeher über die Gestalt des Wassers Gedanken gemacht – seine dauerhafte Form, die doch immer wieder neu aus ständig wechselnden Einheiten entsteht. Auch im Wassergarten kommt man nicht ganz ohne (Garten)Philosophie aus – zumindest für den Hausgebrauch!
Viel bodenständiger geben sich die festen Elemente, die »Hardware« eines Wassergartens: Sie sollte praktisch sein und sich einfügen – vor allem jedoch gefallen.

Wasser im Garten braucht immer eine künstliche Barriere, damit es nicht irgendwo versickert. Diese Barriere kann vollständig hinter dem Wasser verschwinden – eine Teichfolie tritt nicht als solche in Erscheinung. Sie kann aber auch, wie in einem Zierteich oder in Form eines Kübels auf der Terrasse, zum tragenden Bestandteil einer Gestaltungsidee werden. Vielfach sind gut konstruierte Becken oder eine hübsch zusammengestellte Kombination aus Kübeln bereits Schmuckelement an sich.

Schmückende Elemente im und am Teich

Viele feste Bestandteile des »Landgartens« spielen auch im Wassergarten eine Rolle – wenn auch unter anderen Gesichtspunkten: Wege werden zu Brücken und Stegen, die eine scheinbare Trennung durch einen Wasserlauf überwinden. Sitzplätze können sich in schwebende Decks verwandeln. Kübel, die sonst feste Erde in sich tragen, werden plötzlich zu Aquarien voller Wasserpflanzen. Die Gartenbeleuchtung erzeugt dramatische Effekte, wenn sie indirekt aus dem Wasser aufleuchtet.
Natürlich ist auch die Gartengestaltung Moden unterworfen. Es lässt sich kaum leugnen, dass Wasser im Garten zurzeit »mega-in« ist. Entsprechend finden Sie in den einschlägigen Baumärkten und Gartencentern eine Vielzahl von Brunnen, Springbrunnen und anderen Objekten, die speziell auf den Bedarf im Wassergarten zugeschnitten sind. In der Tat ist das Angebot für meinen persönlichen Geschmack sogar etwas zu üppig!
Lassen Sie sich von einer Vogeltränke im Stil des elisabethanischen Englands oder einem mächtigen Löwenkopf mit Bronzerohr im Maul nur dann verführen, wenn Sie sich wirklich in das Objekt verliebt haben und es zum übrigen Stil Ihres Gartens passt. Käufe unter dem Motto »Wir brauchen einen Wasserspeier, also nehmen wir auch einen mit« haben nur selten dauerhaft Bestand.

Von Steinen, Brunnen und Wasserspeiern

Worauf ist bei der Ausstattung eines Wassergartens mit festen Elementen zu achten? Gibt es wichtige Unterschiede zur Vorgehensweise in normalen Gärten?
Wer sorgfältig plant, mit dem Material und dem Element Wasser verantwortungsbewusst umgeht und nur seinem ganz persönlichen Geschmack folgt, wird auch einen Wassergarten erfolgreich ausstatten können.

Wege und Brücken – nicht nur verbindend

Wege sind in erster Linie verbindende Elemente. Im Wassergarten kommt jedoch eine weitere Komponente hinzu: Die Schönheit vieler Blüten der Flachwasser- und Sumpfzone sowie der Insekten, die sie besuchen oder zwischen ihnen auf die Jagd gehen, erschließt sich erst aus der Nähe. Daher sollten unbedingt Wege am Wasser vorbei führen. Es ist sogar angebracht, sie etwas breiter anzulegen, damit man einen Gartenstuhl hinstellen kann.

Zen-Gärten – voll im Trend

Vielleicht hat die Sehnsucht nach Ruhe und Einfachheit dazu geführt, dass auch im westlichen Kulturkreis zenbuddhistische Gärten immer stärker in Mode kommen. Gerade im Zusammenhang mit Wasser erweist sich die Stärke dieses Konzepts. Denken Sie aber daran, dass ein buddhistischer Garten zur Besinnlichkeit anregen soll: Er zeichnet die Natur im Kleinen nach und erlaubt dem Betrachter, sich in die Fragen des Lebens zu vertiefen und Erleuchtung zu finden. Je einfacher, klarer und abgeschlossener der Zen-Garten also ist, desto wirkungsvoller kommen er und seine Bestandteile zur Geltung – auch ohne ostasiatische Philosophie.

Zur wirklichen Bereicherung des Gartens werden Wege überall dort, wo man vom Symbol der Brücke Gebrauch macht: Brücken überwinden Trennendes, sie verbinden zwei Ufer und erlauben Grenzüberschreitungen. Eine Brücke macht den Garten spannender und Lust, dem Weg zu folgen und über dem Wasser innezuhalten.
Dabei muss die »Brücke« gar nicht massiv gebaut werden. Ein paar breite, flache Trittsteine im flachen Wasser, die sich wie natürlich zwischen Kieselsteinen erheben, Holzbohlen, Natursteinplatten und anderes mehr lassen bereits das Flair einer Brückenkonstruktion anklingen. Wird die Brücke aufwändiger errichtet, z. B. als Brückenbogen aus Holz oder Beton, im japanischen Stil, mit Metallgeländer oder aus leuchtend gestrichenem Holz, wird sie selbst zum schmückenden Objekt. Solange Größe und Stil dem Garten angemessen sind (und die Sicherheit beachtet wird), sind der Fantasie kaum Grenzen gesetzt.

Kein Wasser ohne Sitzplatz!

Wasser in jeglicher Form verlangt geradezu nach einem Sitzplatz. Von hier aus können Sie in Ruhe den Wasserspiegel, die Bepflanzung und/oder das bunte Treiben an der Wasseroberfläche und am Gewässerrand beobachten oder dem Plätschern und Rauschen eines Baches oder Wasserspiels lauschen. Ein großer Stein, eine Bank oder ein einzelner Stuhl finden immer einen Platz.
Ein Pavillon am Ufer – als Bausatz, selbst konstruiert oder vom Fachmann errichtet – bietet Schutz bei schlechtem Wetter und stellt seinerseits wieder einen äußerst attraktiven Blickpunkt dar. Allerdings kommt er nur in wirklich großen Gärten optimal zur Geltung. Ideal wäre es, den Pavillon und sein Spiegelbild im Wasser von der Terrasse oder einem zweiten Sitzplatz aus betrachten zu können. Achten Sie darauf, den Sitzplatz und seinen Zugang gut zu beleuchten, zur Sicherheit und als nächtlicher Blickpunkt.

Wasserspeier – Kitsch oder Kunst?

Natürlich kann niemand Fragen dieser Art ernsthaft beantworten. Überall dort, wo Fragen des Geschmacks berührt werden, versagen allgemeingültige (Gestaltungs)Regeln. Ein Garten gehört zum privaten Umfeld einer Familie. Gäste, die ihre Nasen über einen Wasser speienden Engel rümpfen, lädt man eben nicht mehr ein. Suchen Sie das aus, was Ihnen und den Ihrigen gefällt. Berücksichtigen Sie aber, wie sich ein Wasserspeier, Brunnen oder Springbrunnen in den Stil Ihres Gartens einfügt. Ein Barockengel passt sicher nicht so gut neben den Naturteich wie ein bunter Keramikfrosch. Andererseits

Ist das noch ein Wasser»garten« oder schon ein begehbares Kunstwerk? Auch wenn in diesem Garten glänzendes Metall die Hauptrolle spielt, entscheidend für die Wirkung ist das Zusammenspiel von Pflanzen, Wasser und Kunst.

machen ein Wasser speiender Vogel oder Fisch aus Metall am Naturteich oder neben einem Bach eine ebenso gute Figur wie an einem modernen Zierteich.
Einen ansprechenden Kompromiss stellen Brunnenschalen dar, in denen das Wasser stufenweise abwärts fällt. Sie übernehmen in einer naturnah gestalteten Wasserlandschaft die Funktion eines kurzen Bachlaufes, der Wasser in den Teich abführt.

Gartenplastik am Teich

Im Unterschied zu Springbrunnenfiguren oder Wasserspeiern stehen Plastiken nicht in einem direkten funktionellen Zusammenhang mit Wasser. Sie werden wie in einem konventionellen Garten vorwiegend als Blickpunkte eingesetzt, um das Ende einer Sichtachse zu betonen oder um etwas einförmigere Bereiche zwischen Stauden aufzuwerten – als »Hingucker« außerhalb der Blütezeit. Auch hier bietet der Fachhandel eine enorme Vielfalt von Formen, Größen und Materialien an.
Achten Sie bei der Auswahl darauf, dass ein gewisser Zusammenhang zwischen Figur und Wassergarten besteht. Kantig behauene Natursteinsäulen oder Findlinge können einem Bachlauf sehr viel Spannung verleihen, weil sie die Blicke auf sich ziehen. Sie erscheinen im Bachlauf wie Inseln, an denen sich das Wasser bricht und neue Wege sucht, neben dem Bachufer wie Mini-Gebirge.
Besonders beliebt im Wassergarten sind figürliche Darstellungen von Tieren, die sich am Ufer tummeln.

Licht am und im Wasser

Lampen sind nicht nur erforderlich, um den Weg zu finden und Stufen, Kanten und Wasserrand zu beleuchten, sie erzeugen im Dämmerlicht einer Sommernacht auch eine traumhafte Stimmung. Betrachten Sie Ihren Garten, wenn die »notwendigen« Lampen installiert wurden. Brauchen Sie wirklich ein zusätzliches Spotlight? Wenn der ganze Garten hell erleuchtet ist, neutralisieren sich die einzelnen Lichter gegenseitig. Betonen Sie nur einzelne, ganz bestimmte Aspekte, damit Gartenelemente wie eine Plastik aus der Dunkelheit hervortreten. Oft sind indirekte Lichter oder Gartenfackeln stimmungsvoller als ganze Batterien von Scheinwerfern.

Wasserspielereien – Quellen und Brunnen

Wem Bäche zu lang und Teiche zu groß sind, wer aber dennoch nicht auf Wasser im Garten verzichten möchte, entscheidet sich am besten für eine Quelle oder einen Brunnen. Je nach Stärke des Zuflussrohres klingt das Geräusch des Wassers wie ein leises Plätschern, kann aber durchaus zum kräftig rauschenden Strahl anschwellen. Auch das Auge kommt zu seinem Recht: Die Sonne (nachts vielleicht ein Spotlight) bringt die sprühenden Tropfen zum Glitzern oder verwandelt das von einer Brunnenschale abfließende Wasser in einen Perlenvorhang aus silbernen Tropfen.
Echte Quellen gibt es nur in der Natur jenseits des Gartenzauns, während Brunnen immer vom Menschen erbaut wurden. Im Garten verschwimmen diese Grenzen, denn dort gilt alles als Quelle, was Wasser in leicht sprudelndem Strahl von sich gibt.
Ein Brunnen muss zumindest im Ansatz über eine Brunnenschale verfügen, die das Wasser aufnimmt. Im Garten kommt als Variation noch hinzu, dass manche »Quellen« bereits nach wenigen Dezimetern wieder versiegen, während sich andererseits Brunnen in Form von Bächen fortsetzen können.

Echt oder nicht echt?

Selbstverständlich hat dieser Gartenbesitzer keine echte Quelle angebohrt. Er hat allerdings auf jegliche künstliche Brunnenbecken oder Schalen verzichtet und so eine schnörkellose »natürliche« Quelle konstruiert. An heißen Sommertagen beugt man sich beinahe zwanghaft nieder, um mit den Händen ins Wasser zu greifen. Die Quelle verkörpert den Inbegriff eines Wassergartens auf kleinem Raum: Bewegtes, klares Wasser strömt mit leise plätscherndem Geräusch. Als Material eignen sich alle Arten von Natur- und Kunststeinen.

Brunnenstufen statt Wasserfall

Die kleine Geländestufe mit Mäuerchen wird sehr geschickt als Standort für mehrere flache Brunnenschalen genutzt, die das fallende Wasser im Zickzack abwärts führen und einen flachen Bachlauf speisen. Der Trick dieser Konstruktion ist ihre bewusste Künstlichkeit: Gerade weil es sich nicht um einen nachgebildeten »echten« Wasserfall handelt, wird die Fallstrecke zum Blickpunkt. Allerdings würde bei Konstruktionen dieser Art jede Übertreibung (in Größe, Form, Farbe usw. auffallende Schalen) die Wirkung schmälern.

Wasser aus der Amphore

Krüge und Amphoren, Fässer und Kübel lassen sich zu ungewöhnlichen und attraktiven Quellen oder Brunnen zweckentfremden. Sie müssen nur für den Wasserzufluss durchbohrt werden. Neigen Sie das Gefäß immer leicht nach hinten, damit etwas Wasser darin stehen bleibt – Frösche lieben solche feucht-kühlen Verstecke. Füllen Sie Kieselsteine als Beschwerung ein und sichern Sie das Gefäß gegen seitliches Abrollen. Wenn das Wasser dann noch wie hier auf einen Stein abfließt, kann auch keine Höhlung ausgespült werden. Brunnen dieser Art wirken besonders verblüffend, wenn sie wie zufällig zwischen dichter Vegetation lagern.

Stadtbrunnen im Garten

Die Größe dieser Brunnenkonstruktion erfordert ein entsprechendes Umfeld: Er könnte als einziges Element den zentralen Blickpunkt eines kleineren Gartens bilden oder aber in einem größeren Garten den Beginn eines kanalartigen Bachlaufes bilden. Auch hier wird das wirkungsvolle Prinzip der stufenweise versetzten Schalen genutzt.

Expertentipp

Individuell gestalteten Brunnen sind gewöhnlich recht teuer – der Kauf will daher wohl überlegt sein.

Asiatisches Wasserspiel

Hier sind mit Wasser (die Funkie ist eine »Wasser«-Pflanze), Erde (Steine) und Holz (Bambus) drei der fünf Elemente eines Feng-Shui-Gartens vertreten. Feuer wird durch Holz gefördert und Wasser gehemmt; Metall durch Erde gefördert, durch Feuer gehemmt.
Auch wer den spirituellen Hintergrund eines solchen Brunnens ablehnt, dürfte vom Zauber der Steine, des Wassers und der Pflanzen gefesselt sein – und nur darauf kommt es in einem Garten an.

Übers Wasser wandeln ...

... oder »über sieben Brücken musst du geh'n« – das Motiv der Brücke ist auch sprachlich allgegenwärtig. Brücken im Wassergarten sind viel mehr als simple Hilfsmittel, um Wasserläufe zu überqueren, denn wirklich notwendig sind sie nur in den seltensten Fällen! Als »gebaute« Objekte stellen sie Fremdkörper zwischen den Pflanzen dar und fallen damit zwangsläufig auf. In einen attraktiven Blickpunkt verwandeln sie sich immer dann, wenn sie sich harmonisch in ihre Umgebung einfügen (z. B. schmale Stege oder Bohlen) oder wie eine Gartenplastik präsentiert werden: In Form und Farbe wie Schmuckstücke konstruierte Brücken setzen spannende Akzente.
Bei der Gestaltung von Wasserübergängen gilt es stets – neben dem ästhetischen Aspekt – auch die Sicherheit zu berücksichtigen. Greifen Sie, wo immer möglich, auf die Fertigbausätze der Anbieter zurück oder lassen Sie größere Brückenkonstruktionen von Fachleuten errichten. Jedes Material verträgt nur eine bestimmte Belastung, auch Steine sind nicht beliebig freitragend und belastbar. Richten Sie im Zweifelsfall lieber einen tragenden Mittelpfeiler ein. Ansonsten dürfen Sie beim Brückenschlag zum anderen Ufer Ihrer Fantasie freien Lauf lassen.

Über Brücken sollst du gehen

Diese Brücke wurde im rustikalen Stil ausgeführt und soll an den Übergang über einen Dorfbach erinnern. Gerade weil die nur scheinbar »rohen« Einzelteile sorgsam ausgewählt und verarbeitet wurden, wirkt sie wie aus einem Guss. Die Konstruktion gründet an den Ufern auf betonierten Fundamenten, die natürlich nicht sichtbar sind. Sichern Sie die tragende Konstruktion gegen Verrutschen und befestigen Sie auch das Geländer so, dass es einen Erwachsenen zurückhalten kann. Sehr stabil sind Holzbrücken im japanischen Stil mit einem Kreisbogen als tragender Konstruktion (mit und ohne Geländer). Solche dekorativen Brücken können in Naturholz ausgeführt oder in kräftigen Farben gestrichen werden. Bedenken Sie aber, dass die Farbe stark von den Pflanzen ablenkt – je leuchtender die Farbe, desto stärker wird die Brücke zum dominanten Blickpunkt. Vielfach ist eine neutralere Konstruktion aus waagerechtem Brückenübergang mit einfachem Geländer besser für den Garten geeignet. Die verspielten Metallbrücken mit verschnörkeltem Geländer brauchen einen Garten im ländlichen oder Parkstil, sonst bleiben sie Fremdkörper.

Expertentipp

Brücken kommen nur in einem großen Garten mit einem großen Wasserlauf/Teich zur Geltung. Im kleinen Garten wirken sie eher deplatziert.

Der einfache Übergang – dekorative »Notlösung«

Für kleine, flache Wasserläufe reichen einfache Konstruktionen gut aus, z. B. eine dicke Platte aus Naturstein. Es reicht aber nicht aus, die Platte nur auf dem Ufer abzustützen. Sie müssen stabile Fundamente setzen, damit die Platte weder rutscht noch kippt.
In naturnah gestalteten Gärten sehen einfache, druckimprägnierte Holzbohlen meist besser aus. Sie werden fest verlegt und unten durch Leisten gesichert, damit sie sich nicht gegeneinander verschieben.
Geben Sie beim Kauf einer einteiligen Steinbrücke an, wie lang der freitragende Bereich ist.

Auf Bohlen übers Wasser

Der hier gezeigte Steg von der Terrasse über das Wasser könnte auch über ein Moor in einem Naturschutzgebiet geführt werden. Die Planken ruhen auf Pfosten mit Querbrücken und laden dazu ein, sich hinzusetzen und mit den Beinen im Wasser zu baumeln.
In Folienteichen stehen die Pfosten auf Betonfundamenten unter der Folie. Eine flache Auflage auf der Folie verhindert, dass sich der Pfosten bis zum Fundament durchdrückt und die Folie beschädigt.
Allerdings hat die hinreißend romantische Konstruktion einen Nachteil: Sie ist für spielende Kinder ohne Aufsicht nicht geeignet!

Trittsteine oder Dekoration?

Diese architektonisch ansprechende Komposition aus Trittsteinen und Minimalteich bewegt sich im spannenden Grenzbereich zwischen Funktion und Ästhetik. Soll man die Platten wirklich benutzen, oder reicht es bereits aus, sie nur zu betrachten?
Dieser Zierteich ist ein gutes Beispiel dafür, dass Trittsteine gegenüber einer Brücke oftmals die bessere Alternative darstellen: Sie sind flexibel einsetzbar, in den unterschiedlichsten Materialien und Größen erhältlich und lassen sich an jeden Gartenstil anpassen.

Wassergärten – ins rechte Licht gerückt

In der Nacht verwandeln sich glitzernde Wasseroberflächen in düstere, schwarze und scheinbar unergründliche Flächen, die beinahe bedrohlich wirken können.
Oftmals reicht dann bereits eine einzige, geschickt platzierte Leuchte aus, um dem Wassergarten und seiner Umgebung eine stimmungsvolle Atmosphäre zu verleihen und einzelne Pflanzen, Steine oder schmückendes Beiwerk wirkungsvoll in Szene zu setzen.
Es ist schwierig, allgemeine Gestaltungstipps zu geben, da »Lichtfinger« in jedem Garten anders aussehen.

Kleines Lampen-ABC

- **IP-Kennziffer:**
  IP-(x von 0–6)/(y von 0–8) Kennziffern kennzeichnen die Sicherheit von Geräten/Leuchten gegenüber Fremdkörpern (x) und Wasser (y): so sind IP 3/3 Geräte gegen 2,5 mm große Fremdkörper und Sprühwasser geschützt; IP-8 Lampen können sogar untertauchen.
- **Solarlampen:**
  Da Teichlampen mit wenig Strom auskommen, können sie auch über eine Solaranlage gespeist werden und sind dann völlig unabhängig vom Hausstrom.
- **Niedervoltlampen:**
  Der Wechselstrom der Hausleitungen wird über einen Transformator umgeformt; solche Halogen-Lampen haben nur wenige Watt Leistung, sind aber hell genug für den Garten.

Spot on: Pflanzenstars ins Rampenlicht gerückt

Im Garten und natürlich auch am Teich dienen Spots dazu, besonders attraktive Blickpunkte hervorzuheben. Das kann eine Staudengruppe, eine Felsformation oder ein Gehölz sein, bei Bachläufen auch ein Wasserfall, der zwischen einigen Steinen hervorbricht.
Wenn Sie den oder die Strahler beweglich installieren, können Sie wechselnde Blickpunkte anstrahlen. Allerdings sollte die Birnenleistung (Watt-Zahl) und die Streubreite des Lichtkegels angemessen sein:
Zu helles oder zu stark auf den Punkt gerichtetes Licht wirkt viel nüchterner als schwächeres, etwas diffuser strahlendes Licht.

Schwimmlampen zaubern Stimmung

Kugelförmige, auf dem Wasser schwimmende Lampen scheinen in der Nacht wie Sterne auf dem Wasser zu schweben. Sie bewegen sich leicht im Wind und sind auch am Tag durchaus dekorativ.
Durchsichtige Modelle sind am Tag unauffälliger, die Lichtquelle nachts eher punktförmig, da man die Birne, nicht aber die »Kugel« sieht. Matte Lampen fallen als weiße Kugeln tagsüber stärker auf, schwimmen dafür aber bei Dunkelheit als große, diffus glühende Leuchtblasen auf dem Wasser.
Fast immer sehen 2–3 Kugeln in unterschiedlichen Größen hübscher aus als eine einzige. Wählen Sie aber möglichst alle Schwimmlampen in einem Farbton, sonst erzeugen sie tagsüber zu viel Unruhe, die von den Pflanzen ablenkt.

Spektakuläre Effekte durch indirektes Licht von unten

Mit einer Unterwasserlampe lassen sich außerordentlich schöne und interessante Effekte erzielen. Sie können z. B. einen kleinen Teich zum Glühen bringen oder einzelne Bereiche eines größeren Teiches leuchten lassen.
Wichtiger sind allerdings Strahler, die unter Wasser eingebaut werden und Springbrunnen oder Wasserspiele beleuchten. Damit verwandeln sich am Tag unscheinbare Wasserstrahlen nachts in glitzernde, glühende Fontänen.
Setzen Sie Unterwasserleuchten sparsam ein, sonst leidet der Gesamteindruck.
Oftmals ist es noch günstiger, das Wasserspiel durch eine an Land zwischen den Pflanzen versteckte Lampe indirekt zu beleuchten.

Sitzplätze, Brücken, Wege und Stege brauchen Licht!

Einen Steg wie diesen ohne ausreichende Beleuchtung zu nutzen grenzt an sträflichen Leichtsinn. Nachts muss die Grenze zum Wasser gut zu erkennen sein – ein Fehltritt ist leicht getan. Regelmäßig auch nachts genutzte Flächen in direkter Nähe des Wassers müssen daher beleuchtet werden! Entscheiden Sie sich hier im Zweifelsfall eher für das hellere Lampenmodell.
Die Entscheidung für eine »Straßenlaterne« verbindet in unserem Beispiel die praktische Helligkeit in der Nacht mit einer dekorativen Lampe am Tag. Suchen Sie nach optimalen Kompromissen. Wird der Sitzplatz am Wasser dagegen nur sehr selten genutzt, würde ich bei Bedarf zu hellen Gas(Camping)Leuchten oder Gartenfackeln raten, die in einer Reihe am Ufer aufgestellt werden.

Tagsüber Blumentopf, abends leuchtender Blickfang

Diese Reihe aus leuchtenden Blumentöpfen steht stellvertretend für leuchtende Objekte, die eher in die Kategorie Gartenschmuck gehören. Wenn sie passend zum Garten ausgewählt und geschickt eingesetzt werden, bilden derartige Lampen-Kunstwerke interessante Blickpunkte. Werden diese Töpfe beispielsweise sehr nah an den Teichrand gestellt, sieht der Betrachter über das Wasser die originale und die gespiegelte Reihe.

Expertentipp

Auch selbst gebaute Kübel aus farbigen Acrylplatten können von innen beleuchtet werden.

Accessoires rund ums Wasser

Der Wunsch nach einem Kunstobjekt für den Garten ist so alt wie die Gartengeschichte. Heute präsentieren uns die Hersteller ein Angebot, das keine Wünsche offen lässt – weder bei Material, Stil noch Preis. Suchen Sie nach Objekten, die Ihnen gut gefallen und die zum Stil des Gartens passen. Holz (in Form von Skulpturen, Röhren, Bambus) ist ein natürliches Material, das sich mit vielen Stilrichtungen verträgt.
Bei Steinplastiken (bzw. Repliken aus Beton), Metall- oder Keramikobjekten (gegenständlich oder abstrakt) entscheiden Form, Farbe und Größe darüber, ob die Skulptur oder der Springbrunnen Fremdkörper bleiben oder sich einfügen.
Fontänen sind Wasserstrahlen, die von einer Pumpe hochgedrückt werden und mit der Schwerkraft wieder herabstürzen. Wird zwischen Pumpe und Ausströmdüse(n) eine wie auch immer gestaltete Figur eingeschaltet, haben wir einen Springbrunnen. Lässt man das Wasser weg, verwandelt sich der Springbrunnen in eine Skulptur. Noch mehr als bei allen anderen dekorativen Elementen des Wassergartens sollte man Springbrunnen und Statuen sehr sparsam und vor allem in der angemessenen Größe einsetzen.

Teichfontänen – die einfachste Version

Kleine Teichfontänen werden üblicherweise von Tauchpumpen, manche sogar von schwimmenden Pumpen betrieben, d. h., ihre Installation ist ohne Probleme möglich. Sie bieten sowohl ein optisches als auch ein akustisches Schauspiel. Wenn sie nur zu bestimmten Zeiten – z. B. wenn die Familie auf der Terrasse sitzt – angeschaltet werden und nicht zu stark sind, vertragen sie sich sogar mit Seerosen, weil sich die Störung der Wasserruhe in Grenzen hält.
Bei größeren oder ständig laufenden Fontänen sollten Sie sowohl auf Seerosen als auch auf Fische verzichten.

Eine Pusteblume aus Wasser

Technisch gesehen handelt es sich bei solchen Springbrunnen um »Kugeleffektdüsen«, die auch gänzlich ohne figürliche Zutaten auskommen. Der Wasserstrahl der Pumpe wird mehrfach zerteilt und bildet eine dünne Wasserglocke bzw. Wasserkugel – eine Skulptur aus Wasser.
Wie das Bildbeispiel belegt, stellen diese Springbrunnen sehr markante Blickpunkte dar, die kaum etwas anderes neben sich dulden. Im Hausgarten sollte man sie nur dort einsetzen, wo sie einen abgeschlossenen Bereich dominieren, ohne von den Pflanzen abzulenken.

Es klappert die Mühle ...

Ob isoliert als einzelnes Objekt oder als ungewöhnliche Quelle für einen Bachlauf – dieses Wasserrad kann viele Aufgaben erfüllen. In der Tat ist es noch nicht einmal ein Springbrunnen im eigentlichen Sinn. Es steht aber ähnlich wie der Reiher in direktem Sinnzusammenhang mit Wasser und erscheint daher als folgerichtige Ergänzung für einen Wassergarten. Wegen seiner Größe braucht es allerdings ein entsprechend weites Umfeld, um nicht deplaziert zu erscheinen.

Kinderfreund und Schmunzelvogel

Die meisten Kinder freuen sich über fantasievolle Figuren im Garten, vor allem, wenn sie nicht wie Kunstobjekte behandelt werden müssen – d. h., »Berühren verboten!«. Dieser witzige Fantasievogel spricht aber nicht nur Kinder, sondern sicher auch Erwachsene an. Es ist nicht leicht, derartige Figuren zu finden, aber wer mit Geduld vorgeht und sich etwas Zeit lässt, wird sicher fündig.

Expertentipp

In manchen Städten gibt es Keramikwerkstätten, die auf Wunsch auch ungewöhnliche Objekte herstellen.

Keine Gefahr für die Fische

Figürliche Wasserspeier wie diese Reiher stehen vom Motiv her in einem thematischen Zusammenhang mit dem Wasser und eignen sich daher besonders gut für den Teichrand bzw. am Zufluss eines Baches.
Manche Modelle sind eher naturnah gehalten wie dieser Reiher, andere setzen auf stärkere Abstraktion.
In naturnahen Teichen würde ich sogar ganz auf Wasserspeier verzichten, bei Zierteichen entweder abstraktere oder stilgerechte Objekte einsetzen.

Entspannen und genießen

Der wahre Genuss am Wassergarten stellt sich erst ein, wenn man dem Element und seinen Bewohnern nahe ist. Wenn Sie an einem warmen Sommernachmittag auf einem Stuhl am Wasser sitzen, strahlt das Wasser nicht nur Frische aus, es gibt zwischen den Pflanzen und auf der Wasseroberfläche auch zahlreiche interessante Dinge zu entdecken:
Insekten besuchen die Blüten. Pfeilschnelle, schillernde Libellen gehen auf Beutejagd. Auf und im Wasser tummeln sich die Käfer. Je länger Sie Ihre Beobachtungen fortsetzen, desto mehr Details werden Sie entdecken! Gerade für Familien mit Kindern können Teiche zu spannenden Freilicht-Laboratorien werden. Eine Lupe oder ein einfaches Mikroskop – auf einem Tisch direkt neben dem Wasser benutzt – reicht aus, um völlig neue Einblicke in die Welt der Natur zu bekommen.
Andere Menschen entspannen sich, wenn sie auf einem Liegestuhl am Bach sitzen und dem murmelnden Wasser lauschen. Ob allein oder in Gesellschaft, mit einem kühlen Getränk oder Kaffee, lesend oder träumend – ein sonniger Nachmittag am Wasser kann etwas Magisches haben! Sehen Sie daher unbedingt schon im Stadium der Planung einen genügend großen Sitzplatz vor.

Die große Lösung – Holzdeck über dem Wasser

Hier wurde das Beste aus einer ansonsten schlecht zu nutzenden Ecke des Gartens gemacht. Der Gestalter hat die begrenzte Fläche durch die Form des Decks optimal genutzt.
Die schlichte Beplankung selbst ragt ein wenig über die Wasseroberfläche hinaus – man hat das Gefühl, »über dem Wasser« zu schweben, selbst wenn der Boden in der Realität nur wenige Zentimeter überragt.
Die dichte Bepflanzung seitlich des Decks bildet ein verbindendes Element zwischen dem festen Boden und dem Wasser des Teiches.
Das tiefe Wasser (Seerose) vor dem Sitzplatz macht den Ort allerdings für unbeaufsichtigte Kinder ungeeignet.
Wenn auf größeren Decks Tisch und Stühle stehen sollen, dann braucht es mehr Fläche, damit man die Stühle gefahrlos weit zurückschieben kann, ohne ins Wasser zu plumpsen.
In solchen Fällen oder wenn das Deck wie eine Landzunge weit über die Wasserfläche greift, sollten eine oder zwei Seiten des Steges durch ein Geländer abgesichert sein.
Das Geländer muss dem Gewicht eines Menschen – zumindest kurzfristig – standhalten!

Expertentipp

Statt eines Geländers kann auch eine fest eingebaute Sitzbank mit stabiler Rückenlehne errichtet werden. Sie ist hübsch, praktisch und sicher.

Ein Sitzplatz wie aus einem Guss

Hier kann man eigentlich nicht mehr von einem Sitzplatz am Teich sprechen, denn eine derartige Konstruktion kann nur als Einheit geplant werden: von der Umrandung über die Bank bis hin zu dem runden Zierteich mit der Feldsteinpflasterung.
In der Praxis ist es gar nicht so schwierig: Die Fläche wird wie für einen versenkten Sitzplatz etwa 50–80 cm eingetieft, die Stützmauer mit integrierter Sitzbank angelegt und ein Teichbecken im Boden gebaut. Die verwendeten Materialien sollten allerdings zusammenpassen und der Teich eine markante Form bekommen.

Der Platz für den Genießer

Der beste Platz, um einen Bach zu genießen, ist keineswegs direkt neben dem Wasser. Stellen Sie vielmehr Liegestuhl oder Sessel so auf, dass Sie schräg gegen die Fließrichtung blicken. Wasserfälle und Kaskaden präsentieren sich besonders vorteilhaft von »unten«.
In diesem Garten steht der Liegesessel etwas erhöht, der Betrachter blickt in Fließrichtung des Baches. Dank dieser Position kann er den Garten und den Teich überblicken, in den der Bach mündet.

Mitten im Geschehen

Wer in diesem Liegestuhl Platz nimmt, ist von der Natur am Teich umgeben. Schon beim Betrachten des Bildes glaubt man das Quaken der Frösche und das Summen der Insekten zu hören. Eine abwechslungsreiche Bepflanzung von Teich und Umgebung hat dem Betrachter zu jeder Jahreszeit etwas zu bieten.
Und wenn man gar keine Lust mehr hat, der Natur zu lauschen, kann man immer noch lesen, träumen, dösen oder ein Nickerchen machen.

Kleines Wassergarten-ABC

Algen: untergetaucht lebende, ein- oder mehrzellige grüne Pflanzen
Algenblüte: massenhafte Vermehrung von Algen in Teichen mit hohem Nährstoffgehalt; sie färben das Wasser grün
Ausläufer: oberirdische Seitentriebe, die sich bewurzeln und zu neuen Pflanzen werden
Ausströmer: Teichtechnik, die für die Erhöhung des Sauerstoffgehaltes im Wasser sorgt
biologisches Gleichgewicht: die störungsfreie Gemeinschaft aller Lebewesen in einem biologischen System (z. B. einer Teichlandschaft)
Bodendecker: Gehölze oder Stauden mit flächigem Wuchs; sie bedecken den Boden so dicht, dass kaum Unkräuter durchwachsen können
Brunnen: fließendes Wasser aus einem künstlichen Zulauf, das zumindest kurzfristig in einen Trog oder eine Schale fließt und darin stehen bleibt
Denitrifikation: natürlicher Abbauprozess, in dem Mikroorganismen unter Luftabschluss das Nitrat aus organischen Quellen in gasförmigen Stickstoff (N_2) umwandeln, der in die Luft entweicht
Eisfreihalter: ringförmiges Gerät aus hartem Styropor mit einem Styropor-Deckel; verhindert das Zufrieren des Teiches im Winter
Eutrophierung: damit wird die zunehmende Belastung eines Gewässers durch Nährstoffe (vor allem Nitrate und Phosphate) bezeichnet
Fadenalgen: mehrzellige Algen; bilden größere, fadenförmige Einheiten
Faulgas: schwefelhaltige Gase, die bei Zersetzungsprozessen im Schlamm des Teichbodens unter Luftabschluss entstehen; sie riechen unangenehm und sind giftig für Organismen, die im Wasser leben
Filter: alle Arten von Reinigungsgeräten, die das Teichwasser von Schmutz befreien (angetrieben durch eine Pumpe). Gute Filter sind mehrstufig aufgebaut: mechanische Filter entfernen schwebende Teilchen, biologische Filter arbeiten mit Mikroorganismen, die Schadstoffe abbauen, und so genannte Zeolith-Filter entfernen die Giftstoffe aus dem Wasser
Fontäne: von einer Pumpe angetriebener Wasserstrahl, der ohne weitere Hilfsmittel aufsteigt und wieder zu Boden stürzt; die Form der Fontäne wird durch die Austrittsdüse(n), ihre Höhe durch die Leistung der Pumpe bestimmt
Förderhöhe: unabhängig vom Gefälle gibt dieser Wert den absoluten Höhenunterschied zwischen Wasserspiegel des Auffangbeckens und der Quelle an; welche Förderhöhe eine Pumpe bewältigen kann, hängt von ihrer Leistung und dem Gesamtvolumen des geförderten Wassers ab (Rohrquerschnitt und -länge)
Fotosynthese: Fähigkeit der Pflanzen, aus Wasser und Kohlendioxid der Luft organischen Zucker herzustellen; die Energie wird vom Sonnenlicht geliefert; als Lichtsammler fungiert das Blattgrün (Chlorophyll)
Gefälle: die »Schräge« eines Bachlaufes, d. h. die Abnahme der Höhe mit der Länge (10 % Gefälle entsprechen 10 cm Höhenverlust auf 1 m Fließstrecke; 20 % entsprechen 20 cm auf 1 m)
Gesamthärte: die Menge aller im Wasser gelösten Mineralsalze; sie setzt sich zusammen aus der Karbonathärte und der Nicht-Karbonathärte (NKH); die NKH besteht aus Salzen der Schwefelsäure (Sulfate); sie wird in deutschen Härtegraden (° dH) angegeben
Kapillarsperre: mit Kies gefüllte Rinne im Übergang vom Teich zum Land; sie trennt die direkte Verbindung zwischen Wasser und Erde (durch die Folie); ohne Kapillarsperre würde die Erde ständig Wasser aus dem Teich saugen
Karbonathärte: die Konzentration von Karbonatsalzen (Salze der Kohlensäure mit Kalzium und Magnesium) im Wasser; ausgedrückt in Härtegraden (° dH); Karbonate wirken wie ein Puffer und können zum Anstieg des pH-Wertes führen
Lotus-Effekt: Wasser kann die mit einer Wachsschicht bedeckten Blätter nicht benetzen; es bilden sich Wassertropfen, die am Blatt abrollen
Moor: sumpfiges Substrat, das durch einen sauren pH-Wert gekennzeichnet ist
Naturteich: Teich mit Tiefenstufen, dem durch die Bepflanzung ein möglichst naturnahes Aussehen verliehen wird
Nitrat: Salz des Stickstoffs ($-NO_3$); Nitrate entstehen bei mikrobiologischem Abbau von organischer Substanz und stellen einen wichtigen Pflanzennährstoff dar: hoher Nitratgehalt im Teich führt zur Vermehrung von Algen und ist der erste Schritt zur Eutrophierung
Nitrifikation: Stufe im natürlichen Abbauprozess organischen Materials; in den ersten Stufen werden die Eiweiße von Pflanzen und Tieren zu giftigen Stickstoffverbindungen (z. B. Ammoniak) zersetzt, andere Bakterien wandeln diese Stoffe in das ebenfalls giftige Nitrit und schließlich in Nitrat um
Oxidator: stromloses Teichzusatzgerät, das für zusätzliche Sauerstoffzufuhr sorgt
pH-Wert: Kennwert für den Säure- bzw. Basengehalt einer Flüssigkeit; pH 7 ist der Neutralpunkt, niedrigere Werte bezeichnen saure, höhere basische Gewässer; in der Teichpraxis unterscheidet man schwach sauer

(7– ca. 5) und schwach basisch (7– ca. 10); der optimale Wert für einen Teich liegt zwischen 6,5 und 8,5
Pumpenkennlinie: grafische Darstellung (Kurve), um die Leistung einer Pumpe anzugeben; in einem Koordinatensystem wird die geförderte Wassermenge (Liter pro Minute) gegen die Förderhöhe (in Metern) aufgetragen; an der Kurve lässt sich ablesen, wie viel Liter Wasser die spezielle Pumpe bis in beispielsweise 5 m Höhe pumpen kann; den Schnittpunkt von Förderhöhe und Menge auf der Kennlinie bezeichnet man als Betriebspunkt
Quellsteine: mit einem Loch versehene Steine, aus denen mit Hilfe einer Pumpe sanft sprudelndes Wasser hervortritt
Rhizom: fleischig verdickter Wurzelstock (eigentlich ein umgewandelter Spross), in dem eine Staude Nährstoffe speichert; Rhizome wachsen dicht unter oder sogar an der Oberfläche und tragen zur Ausbreitung einer Pflanze bei
Röhricht: der Flachwasserbereich im Überganz zum sumpfigen Ufer, in dem schilfartige Pflanzen wie Rohrkolben, Schilfrohr oder Teichsimsen wachsen; während die Stauden mit den Wurzeln unter Wasser stehen, ragen Spross und Blätter aus dem Wasser heraus
Schaumdüse: an eine Pumpe angeschlossene Düse, die das Wasser mit Luft anreichert, so dass ein »schaumig« wirkender, nicht sehr hoher Strahl entsteht; bestens geeignet, um das Teichwasser mit Sauerstoff zu versorgen
Schmutzwasserpumpe: Pumpe, deren Vorfilter und Pumpenkammer Partikel bis zu einer bestimmten Größe durchlassen
Schwebalgen: ein- oder wenigzellige Algen, die in sehr nährstoffreichen Teichen auftreten und im Wasser »schweben«
Schwimmblätter: flach auf dem Wasser schwimmende Blätter von Seerosen und anderen Schwimmblattpflanzen; sie sind über einen kräftigen, nachgiebigen Stiel mit dem Rhizom verbunden, der auch bei Wellengang nicht abreißt; große Luftkammern in den Blättern sorgen für den nötigen Auftrieb
Schwimmblattpflanze: Wasserpflanze mit Schwimmblättern
Schwimmpflanze: Wasserpflanze, die ohne Verankerung am Grund auf dem Wasser treibt; für den Auftrieb sorgen Luftkammern/Luftblasen in Stängeln, Blattstielen oder Blättern
selbstansaugend: Bezeichnung für Pumpen, deren Standort höher als der Wasserspiegel liegt; sie »saugen« das Wasser an, verbrauchen aber relativ viel Strom; die üblichen Pumpen für den Wassergarten sind nicht selbstansaugend, ihre Ansaugöffnung muss daher tiefer liegen als der Wasserspiegel
Skimmer: ins Wasser gesenktes Gerät, das Oberflächenwasser absaugt und die darauf schwimmenden Stäube, Blütenblätter und Blütenstaub entfernt; das Material wird in einem Siebeinsatz gesammelt; der regelmäßige Gebrauch eines Skimmers senkt die Gefahr, dass organischer Abfall zum Teichboden absinkt
Springbrunnen: mit einer Pumpe betriebenes Wasserspiel; freie Springbrunnen werden eigentlich als Fontäne bezeichnet
Sumpfpflanzen: Pflanzen, die im Grenzbereich zwischen Wasser und Land wachsen; sie brauchen dauerhaft feuchten Boden – einige können auch ins Wasser einwachsen –, vertragen aber auch eine begrenzte, kurzfristige Trockenheit des Bodens
Tauchpumpen: vollständig untergetauchte Pumpen; sie gehören zu den besonders einfach zu handhabenden und robusten Pumpen
Teicherde: nährstoffarme Mischung aus Sand und Lehm im Verhältnis 3:1 zum Bepflanzen von Unterwasser-Körben; wird auch als Fertigmischung angeboten
Teichsauger: Staubsauger, der Wasser und den darin schwebenden Schmutz ansaugen kann
Unterwasserpflanze: Teichpflanze, die vollständig untergetaucht bleibt; Unterwasserpflanzen erfüllen eine wichtige Funktion, da sie das Wasser mit Sauerstoff aus ihrer Fotosynthese anreichern
vegetative Vermehrung: Vermehrung von Pflanzen ohne Nutzung der Samen; möglich nur bei Stauden und Gehölzen; dabei werden Ableger, abgetrennte Rhizomstücke oder Ausläufer eingepflanzt; auch durch Teilen von Wurzelballen lassen sich Stauden vegetativ vermehren
Vlies: aus Kunststoff hergestellte Bahnen, die unter der Teichfolie ausgebreitet werden: sie schützen die relativ empfindliche Folie vor mechanischer Beschädigung durch Steine und Wurzeln
Wasserhärte: andere Bezeichnung für die Gesamthärte des Wassers
Wasserpflanze: Pflanze, die zeitlebens im Wasser lebt
Wurzelsperre (Wurzelbarriere): in den Boden eingelassene Bahn aus Kunststoff (selten Metall), die das seitliche Wuchern von Stauden verhindert; auch große Töpfe aus Plastik können als einfache Wurzelsperre dienen
Zierteich: geometrische, formale Teichanlage, bei der das Schwergewicht auf der ästhetischen Wirkung, weniger auf der Bepflanzung beruht

Hilfreiche Literatur und Adressen

Hilfe und Anregungen bei allen wassergärtnerischen Problemen bieten Organisationen und Verbände, Zeitschriften und Bücher.
Legen Sie schriftlichen Anfragen stets einen frankierten Rückumschlag bei.

Allgemeine Verbände:

Gesellschaft der
Wassergartenfreunde e.V.
http://www.wassergarten.de
Im Internet Links zu den Regionalverbänden

Verband Deutscher Gartencenter
Borsigallee 10
53125 Bonn
http://www.garten-center.de

Schwimmteiche:

Bundesverband
Schwimmbad & Wellness e.V.
An Lyskirchen 14
50676 Köln
http://www.bsw-web.de

Tiere im Teich:

Verband Deutscher Vereine für
Aquarien- und Terrarienkunde e.V.
Luxemburgerstr. 16
44789 Bochum
http://www.vda-online.de

Zentralverband Zoologischer
Fachbetriebe Deutschlands e.V.
Rheinstr. 35
63225 Langen
http://www.zzf.de

Zeitschriften:

FLORA
Gruner & Jahr AG & Co. KG
20444 Hamburg

Gärtnern leicht gemacht
Living & More Verlag GmbH
Lange Straße 51
77652 Offenburg

Gartenpraxis
Eugen Ulmer Verlag
Postfach 7000561
70574 Stuttgart

Garten und Haus
Österreichischer Agrarverlag
Achauerstraße 49 a
A–2333 Leopoldsdorf/Wien

GartenZeitung
Deutscher Bauernverlag GmbH
Wilhelmsaue 37
10713 Berlin

mein schöner Garten
Burda Senator Verlag GmbH
Postfach 1520
77605 Offenburg

Schweizer Garten
Zeitschrift der deutsch-schweizerischen Gartenbauvereine
Bahnhofplatz 1
CH – 3110 Münsingen

Weiterführende Literatur:

Beck, u.a. : *Das Kosmos Handbuch Gartenteiche.* Franckh-Kosmos Verlag, Stuttgart

Hagen, Peter: *Teichpflege leicht gemacht* Ulmer Verlag, Stuttgart

zur Hausen, Winfried: *Lebendige Wasser. Wasserläufe und Brunnen.* Ulmer Verlag, Stuttgart

Hecker, Katrin und Frank: *Gartenteiche.* Gräfe und Unzer Verlag, München

Helberg, Thomas: *Gartenteiche.* Franckh-Kosmos Verlag, Stuttgart

Jansen, Antje: *Teichpflanzen einsetzen & pflegen.* Gräfe und Unzer Verlag, München

Kircher, Wolfram: *Wasserpflanzen für den Garten.* Gräfe und Unzer Verlag, München

Pehle, Tobias: *Wassergärten.* Ulmer Verlag, Stuttgart

Stadelmann, Peter: *Wassergarten für Einsteiger.* Gräfe und Unzer Verlag, München

Wachter, Karl: *Der Wassergarten.* Ulmer Verlag, Stuttgart

Arten- und Sachregister

Halbfett gesetzte Seitenzahlen verweisen auf Abbildungen.

Der Autor
Dr. Wolfgang Hensel ist habilitierter Botaniker und arbeitete viele Jahre in Forschung und Lehre an den Universitäten Bonn und Münster. Seit 1990 ist er als freier Autor und Übersetzer tätig. Er hat zahlreiche Gartenbücher veröffentlicht, vor allem zu Themen der Gartengestaltung und Gartenpraxis. Dr. Wolfgang Hensel hält fortlaufend Gartenkurse und Vorträge zu gärtnerischen, botanischen und ökologischen Themen. Die vielfältigen Anregungen aus diesen Kursen und Vorträgen bildeten die Grundlage für die Erarbeitung dieses Buches.

Die Fotografen
Alle Fotos im Praxisteil von Wolfgang Redeleit mit Ausnahme von:
Angermayer: Seite 42 2-v-u.; Borstell: Seite 2/3, 13, 15 mi., 19 li., 32, 33 o., 33 u., 47, 74 2-v-o.; Garden Collection/Eddison: Seite 6; Gardena: Seite 23-1-v-o., 56 re., 59 u.; GBA/Bolton: Seite 51 re.; GBA/Nichols: Seite 8/9; GBA/Noun: Seite 15 o.; GBA/Wegler: Seite 69 mi.; Groß: Seite 43 1-v-u.; Hagen: Seite 64; Hack: Seite 34 (1-2), 35 (1-3), 36 (1-2), 37 li., 37 re., 50 re.; Himmelhuber: Seite 73 mi., 73 re.; Juniors/Steiner: Seite 59 mi.; Kahl: Seite 60 mi., 60 re., 61 li.; Labhardt: Seite 42 1-v-o; Limbrunner: Seite 43 1-v-o., 72 li., 73 li.; MSG/Butz: Seite 22 2-v-u., 66 u.; MSG/Gross: Seite 74 1-v-u.; MSG/Wetterwald: Seite 68; Nickig: Seite 4, 16 re., 18 li., 19 mi., 41 o., 41 mi., 55 u.; Peither: Seite 61 mi.; Pforr: Seite 42 2-v-o., 42 1-v-u., 43 2-v-u., 70 o.; Reinhard: Seite 11, 12, 14 o., 17 (1-3), 19 re., 21 mi., 21 re., 25, 33 mi., 60 li., 61 re., 69 u., 74 2-v-u., 75 2-v-o.; Schneider/Will: Seite 41 u.; Stork: Seite 66 o.; Strauß: 18 re., Seite 27, 29, 45; Zeininger: Seite 43 2-v-o.;

Fotos im Porträtteil:
Borstell: Seite 81, 111 li., 115 re., 118 mi.; GAB/Engelh.: Seite 115 mi.; GBA/Wothe: Seite 83 re.; Hecker: Seite 83 re., 107 li.; König/Limbrunner: Seite 90 re., 106 li., 110 mi.; Labhardt: Seite 87 re., 100 li.; Laux: Seite 82 mi., 82 re., 84 re., 86 mi., 91 mi., 92 re., 93 mi., 95 li., 100 mi., 104 mi., 112 mi., 112 re., 113 li., 113 re., 116 mi., 118 li.; Limmbrunner: Seite 90 li., 105 li; Nickig: Seite 101 li., 103 li., 110 re., 112 li., 114 li., 114 mi., 116 li., 116 mi., 117 li., 118 re., 119 li., 119 mi.; Petrowsky: Seite 89 re.; Pforr: Seite 79, 82 li., 85 mi., 86 li., 87 li., 90 mi., 96 li., 97 mi., 99, 100 re., 104 re., 105 re., 107 mi., 107 re., 114 re.; Reinhard: Seite 88 re., 92 li., 93 li., 94 li., 94 re., 96 mi., 97 li., 97 re., 101 mi., 101 re., 102 mi., 109, 111 re., 119 re.; Sauer: Seite 84 li.; Sauer/Hecker: Seite 96 re.; Silvestris/de Cuvelard: Seite 104 li.; Silvestris/Hecker: Seite 103 re.; Strauß: Seite 76/77, 83 mi., 84 mi., 85 li., 85 re., 88 li., 88 mi., 89 li., 91 li., 91 re., 92 mi., 93 re., 94 mi., 95 re., 102 li., 102 re., 105 mi., 106 mi., 106 re., 110 li., 115 li., 117 re.; Zeininger: Seite 86 re.;

Fotos im Gestaltungsteil:
Borokowski: Seite 125, Borstell: Seite 120/121, 136, 143 u., 153 mi., 154 o., 156; Garden Collection/Eddison: Seite 123, 147; GBA/Bolton: Seite 145; GBA/Didillon: Seite 134 re.; GBA/Nichols: Seite 135 re., 142 u.; Harpur: Seite 140; Hecker: Seite 127 mi.; Labhardt: Seite 124; MSG/Felinger: Seite 152 li.; MSG/Kögel: Seite 138; Nickig: Seite 128, 139 o., 148 o.;
Nichols: Seite 139 mi., 149 u., 151 u.; Oase: Seite 152 re.; Redeleit: Seite 127 u., 130 (1-2), 131 mi., 132, 146, 149 o., 149 mi., 153 li., 154 u., 155 (1-3), 157 u.; Reinhard: Seite 131 o., 131 u., 134 li., 135 mi., 148 u., 150, 151 o., 151 mi., 157 o., 157 mi.; Ridder, de: Seite 153 re.;
Schneider/Will: Seite 127 o., 139 u.; Strauß: Seite 126, 135 li., 142 o., 143, o., 143, mi.;

Fotos Cover und Rückseite:
Cover: Josef Bieker
Rückseite li.: Hans Reinhard
Rückseite re.: Wolfgang Redeleit

Verlag und Autor danken der Firma Gardena International GmbH in Ulm für die zur Verfügung gestellten Fotos.

DAS ORIGINAL · MIT GARANTIE · GU

Das Original mit Garantie

Ihre Meinung ist uns wichtig. Deshalb möchten wir Ihre Kritik, gerne aber auch Ihr Lob erfahren. Um als führender Ratgeberverlag für Sie noch besser zu werden. Darum: Schreiben Sie uns! Wir freuen uns auf Ihre Post und wünschen Ihnen viel Spaß mit Ihrem GU-Ratgeber.

Unsere Garantie:
Sollte ein GU-Ratgeber einmal nicht Ihren Vorstellungen entsprechen und einen Fehler enthalten, schicken Sie uns bitte das Buch mit einem kleinen Hinweis und der Quittung innerhalb von sechs Monaten nach dem Kauf zurück. Wir tauschen Ihnen den GU-Ratgeber gegen einen anderen zum gleichen oder ähnlichen Thema um.

Ihr Gräfe und Unzer Verlag
Redaktion Haus und Garten
Stichwort: Wassergarten
Postfach 86 03 66
D-81630 München
Fax: 089/41981-113
e-mail: leserservice@ graefe-und-unzer.de

Impressum

GRÄFE UND UNZER

Ein Unternehmen der
GANSKE VERLAGSGRUPPE

Programmleitung: Steffen Haselbach
Leitende Redaktion: Anita Zellner
Redaktion: Michael Eppinger
Lektorat: Sonnhild Bischoff
Bildredaktion: Daniela Jelinek
Umschlaggestaltung und Layout: independent Medien-Design, München
Produktion: Bettina Häfele
Satz: Bernd Walser Buchproduktion, München
Reproduktion: Fotolito Longo, Bozen
Druck: Appl, Wemding
Bindung: Oldenbourg Buchmanufaktur, Monheim
Printed in Germany

ISBN (10): 3-7742-8838-0
ISBN (13): 978-3-7742-8838-6

Auflage	4	3	2	1
Jahr	2009	2008	2007	2006

GU GARTENSPASS

Schritt für Schritt zum grünen Paradies

ISBN (10) 3-7742-6681-6
ISBN (13) 978-3-7742-6681-0
168 Seiten | € 16,90 [D]

ISBN (10) 3-7742-6680-8
ISBN (13) 978-3-7742-6680-3
168 Seiten | € 16,90 [D]

ISBN (10) 3-7742-6683-2
ISBN (13) 978-3-7742-6683-4
168 Seiten | € 16,90 [D]

ISBN (10) 3-7742-6682-4
ISBN (13) 978-3-7742-6682-7
168 Seiten | € 16,90 [D]

Das Erfolgsprogramm von GU für alle Einsteiger, die schnell und leicht ihre Pflanzenträume im Garten, auf Balkon und Terrasse oder im Zimmer verwirklichen wollen.

WEITERE TITEL ZUM THEMA GARTEN BEI GU:

- Gartenblumen
- Balkon & Kübelpflanzen
- Gartenteiche
- Kräutergarten

GU

Willkommen im Leben.